FRIEDRICH SCHMIDT-BLEEK

DIE 10 GEBOTE
DER ÖKOLOGIE

FRIEDRICH SCHMIDT-BLEEK

DIE 10 GEBOTE DER ÖKO- LOGIE

LUDWiG

Für Jacqueline.
Für meine Kinder und Enkel.
In memoriam Tüta und Gertrud.

DIE ZEHN GEBOTE DER ÖKOLOGIE.

eins.
zwei.
drei.
vier.
fünf.
sechs.
sieben.
acht.
neun.
zehn.

ZUM GELEIT.

Nein.
Ich bin
nicht
Moses.

Das Buch in Ihren Händen wurde nicht geschrieben, um die uralten Gebote vom Berge Sinai neu zu erfinden. Seit Jahrtausenden gelten sie schon für das gute Zusammenleben vom Menschen. Und so bleibt es wohl auch.

Mir geht es in diesem Buch um das Erbe aller Lebewesen auf der Erde und unsere gemeinsame Zukunft. Denn unentrinnbar sind wir Menschen Teil eines belebten und vernetzten Systems aus flüssigem Wasser, Tieren, Pflanzen, Mikroorganismen, geologischen Gegebenheiten und deren dynamischen Beziehungen untereinander. Ohne dieser Verflechtung zuzugehören, sind wir nichts.

Doch noch immer tun wir so, als stünde es uns zu, das von uns unentwegt gestörte Zusammenleben der Bäume,[1] die durch uns verschuldete Orientierungslosigkeit von Walen und die Angst des Orang-Utans als kollaterale Schäden unseres gottgegebenen Rechts auf wirtschaftliches Wachstum hinzunehmen. Wir loben uns und machen Filme davon, wenn einzelne durch uns gefährdete Arten in Zoos und Pflegestationen unterkommen dürfen. Dass sie damit dem verflochtenen System Leben entzogen sind, schert uns nicht. Wir scheinen fest überzeugt, dass nur wir Menschen das Recht auf Würde und Freiheit haben. Und das Recht, uns die Erde nach unserem Belieben untertan zu machen.

Wir sollten endlich begreifen, dass wir Menschen nur so lange Hoffnung auf Zukunft haben, wie unsere Existenz eingebettet ist in die dynamische Vielfalt von Leben auf der Erde.

Ohne eine stabile Umwelt gibt es weder nachhaltiges Wohlergehen für Menschen und andere Lebewesen, noch Zukunftsfähigkeit für die Industrie. Wenn wir den Weg in eine nachhaltige Zukunft ernsthaft gehen wollen, dann müssen wir zuallererst lernen, mit entscheidend weniger Naturverbrauch mehr Wohlstand für eine wachsende Zahl von Menschen zu schaffen. Denn »... infolge einer rücksichtslosen Ausbeutung der Natur läuft der Mensch Gefahr, sie zu zerstören und selbst Opfer dieser Zerstörung zu werden«, hat die katholische Kirche schon vor einiger Zeit festgestellt.[2] Technik kann die von uns plattgemachten Funktionen und Dienstleistungen der Natur nicht ersetzen.

Der weltweit hemmungslose Raubbau natürlicher Ressourcen[3] ist der entscheidende Grund für den mieser werdenden Zustand unserer Umwelt, für eskalierende Knappheiten an trinkbarem Wasser und reiner Luft, für massive Erosion von Muttererde, für den Verlust von Arten, den Klimawandel. Bausand ist knapp geworden, und in den Meeren sterben Tiere qualvoll an weggeworfenen Plastiktüten, und selbst die wachsenden Zika-Infektionen stehen in direktem Zusammenhang mit dem Verlust von Regenwäldern.

Unser Leben, unser Glück und unsere Gesundheit hängen nicht davon ab, ob wir viele Dinge besitzen. Zum Beispiel Bohrmaschinen, Rasenmäher oder ein Auto. Denn »wahrer Reichtum der Dinge ist der Nutzen der Dinge, nicht ihr Besitz«, wie Aristoteles schon vor fast 2500 Jahren sagte. Seit vielen Jahren nenne ich Produkte Nutzenerbringungsmaschinen, um ihren eigentlichen Zweck zu betonen: nämlich uns Nutzen zu bringen, wenn wir sie nutzen.

Und deshalb sollte man auch Wachstum neu begreifen – weil es im Kern eben nicht um die Häufung von Dingen in eigenem Besitz, sondern um die Mehrung von Nutzen geht. Genau dies zu tun hat Angela Merkel in ihrem Amtseid beschworen, weil es das Grundgesetz wörtlich so von ihr verlangt.[4] Das Buch in Ihren Händen geht in vielfacher Weise auf diesen zentralen Punkt ein, weil dies für die Zukunftsfähigkeit von uns Menschen und auch für die Nachhaltigkeit unseres Wirtschaftslebens von großer Bedeutung ist.

Mit unserer Hast nach Wachstum von Technik und von Besitz destabilisieren wir das uns tragende Ökosystem, weil wir es materiell überfordern. Damit verändern wir ständig die Ökosphäre und bringen so die Lebensgrundlagen von uns selbst und aller anderen Kreaturen in Gefahr. Wir sägen ständig an dem Ast, auf dem wir sitzen.

Ich habe den Begriff »Vernutzung« geprägt, um anzudeuten, dass die natürlichen Ressourcen, nämlich Material, Wasser und Land zum Zwecke ihrer zivilisatorischen Nutzung nicht nur »benutzt« oder »genutzt«, also in Anspruch genommen werden. Sondern dafür in der Regel chemisch, in ihrer Zusammensetzung und in ihrer physikalischen Form verändert, also »denaturiert« werden.

Die gegenwärtig maßlose Vernutzung natürlicher Ressourcen ist die ökologische Ursünde des Menschen.

Es wird nichts nützen, dies später zu bereuen. Beim Schutz der Schöpfung gibt es ein »zu spät«!

Das Buch in Ihren Händen soll Ihnen ein Gefühl dafür vermitteln, wie eine ökologische Zukunft aussehen sollte. Es soll Ihnen sichere Wege zeigen, wie Sie mit Ihren täglichen Entscheidungen helfen können, unser gemeinsames Erbe auf der Erde zu erhalten. Es geht in diesem Buch um die Anpassung unserer Lebenshaltung an die Gesetze der Natur und mitnichten darum, unsere Prosperität aufs Spiel zu setzen. Es gilt, sie intelligenter zu gestalten.

Nein. Ich bin nicht Moses.

Liebe Leserin, lieber Leser,

Sie fragen sich wahrscheinlich, warum wir in diesem Buch so viel Platz frei gelassen haben. Nun, wir dachten, dass Sie vielleicht Lust hätten, Ihre eigenen Beobachtungen und Erfahrungen aufzuschreiben. Auch das, was Sie in Gesprächen mit anderen über dieses Buch an Wissenswertem erfahren haben. Das Buch soll ja auch für künftige Generationen hilfreich sein.

Viel Freude und Nachdenklichkeit wünsche ich Ihnen.

Ihr

Friedrich Schmidt-Bleek

PLATZ FÜR NOTIZEN

eins.

DAS ERSTE GEBOT.

Du sollst die Lebens- räume aller Lebewesen achten.

Handle immer so, dass die natürlichen Lebensgrundlagen und Lebensräume aller Lebewesen der Erde erhalten bleiben. Denn ohne das Zusammenwirken der Vielfalt von Leben gibt es keine Zukunft für uns Menschen.

Womit das Problem mit der Umwelt anfing

Der uralte Traum der Menschen, sich über die Begrenzung natürlicher Gegebenheiten zu erheben, hat zu unendlich viel Erfindungen geführt: vom Rad für den Transport von Dingen über Behausungen zum Schutz vor Regen, Kälte und gefährlichen Tieren, über die Gewinnung von Metallen für Werkzeuge, Waffen und Schmuck, über Pflug und Egge, bis hin zu Elektrizität, Pumpen, Motoren, Chemikalien, Autos und Computern. Das hat etwa 15 000 Jahre gedauert. Technik hat Wohlfahrt, Gesundheit und Sicherheit von inzwischen Milliarden Menschen entscheidend verbessert – aber sie hat uns auch weit von der Natur entfernt. Inzwischen kostet dieses Leben für jeden von uns in Europa die Vernutzung von 70 Tonnen Natur pro Jahr und mehr als zehnmal so viel Wasser.

Ja, auch Elefanten und Flöhe können nicht ohne Naturvernutzung existieren. Aber im Unterschied zu ihrem Bedürfnis, Gesundheit und Fortpflanzung zu sichern, Hunger und Durst zu stillen, ist der hemmungslose Raubbau natürlicher Ressourcen für die Maximierung von Gewinnen auf dem Weltmarkt etwas ganz anderes.

Vernutzung
PRO EUROPÄER PRO JAHR

70 000 kg NATUR
700 000 kg WASSER

Basis-
schäden

Jeder weiß, dass Emissionen, verschmutztes Wasser und Abfall für die uns tragende Umwelt mehr oder weniger schädlich sind. Tonnenweise kontaminieren Valium und Aspirin Lebewesen in Gewässern. Aktiv eliminieren wir mit Gift unerwünschte Pflanzen, Insekten und Ratten aus dem Natursystem. Gold wird mittels Zyankali aus Gestein gelaugt, und Fracking zur Gewinnung von Öl erfordert den Eintrag von Chemikalien in kilometertief gebohrte Löcher. Chemiedünger wird in Millionen Tonnen in allen Teilen der Welt verstreut. Riesige Wälder fackeln wir ab, um Platz zu schaffen für die Produktion von Rindfleisch, Palmöl und Mais. Und dann verändern wir auch noch Gene in Pflanzen und in Tieren. Das sind nur wenige Beispiele aus der täglichen Praxis einer modernen Welt.

Nicht eine einzige unserer Tätigkeiten hat keine Konsequenzen für die Stabilität unseres Trägersystems Erde.

Nicht eine einzige menschengemachte Substanz oder Technik hat keine Wirkung zur Folge. Deshalb sollten wir eigentlich, ehe wir anfangen zu buddeln, Wälder zu vernichten, genveränderte Dinge und Chemie in die Umwelt und Handys auf den Markt zu bringen, die Frage beantworten können, ob diese Änderungen am System aus welchen Gründen für das Wohlergehen und die Sicherheit der Menschen wirklich einen Vorteil bringen.

Wir haben Gesetze mit komplizierten und teuren Prüfvor-
schriften, Kennzeichnungen, Verboten und Beschränkungen
geschaffen. Zum Beispiel das deutsche Chemikaliengesetz, an
dessen Entstehung und Anwendung ich prominent beteiligt
war. Leider jedoch gibt es mit der erfolgreichen Anwendung
von Sicherheitsprüfungen ernsthafte Probleme. Dazu gehören: Etwa 100 000 Chemikalien werden weltweit vermarktet,
und mehrmals so viele verschiedene Emissionen und Ver-
schmutzungen erreichen Böden, Gewässer und die Luft. Müll
besteht aus mehr als zehn Millionen verschiedenen Produkten,
die sich ständig ändern. Die Zahl möglicher Reaktionspartner
in der Umwelt geht in die Millionen. Der wissenschaftlichen
Aufklärung von Auswirkungen sind darum enge Grenzen gesetzt. Zumal es nie ausgeschlossen werden kann, dass in der
Umwelt unbekannte Cocktails verschiedener Verursacher
aus der technischen Welt gleichzeitig wirken und dabei ganz
andere Auswirkungen haben als die seiner einzelnen Komponenten.

Der größte Nachteil der Wissenschaft ist, dass sie nicht alle Nebeneffekte im Voraus ermitteln kann.

In meiner Abteilung bei der OECD in Paris haben wir außerdem gelernt: Selbst bei Vorliegen vielfältiger Informationen und Vermutungen über das Wirkungsspektrum einer Substanz kann die Beurteilung ihrer Gefährlichkeit in verschiedenen Ländern verschieden sein. Man denke nur etwa an genveränderte Pflanzen. CO_2 ist hier eine Ausnahme, weil seine klimaändernden Eigenschaften unstrittig sind. Übrigens seit mehr als 100 Jahren. Trotz milliardenschwerer Forschung würde jedoch niemand behaupten, über alle Auswirkungen von menschenverursachtem CO_2 in der Umwelt Bescheid zu wissen.

Die Praxis lehrt, dass fast alle Entscheidungen zum Schutz der Umwelt vor gefährlichen Verursachern *ex post facto* gefallen sind – also erst dann, wenn das Kind bereits im Brunnen lag. Das nennt man nachsorgenden Umweltschutz. So auch beim Klimawandel. Verheerend daran ist, dass mit nachsorgender Schutzpolitik die Zukunftsfähigkeit unserer Ökosphäre nicht zu sichern ist. Denn immerzu nur als schwarz erkannten Schafen hinterherzujagen schließt nie aus, dass nicht längst andere unerkannt ihr Unwesen treiben.

Was tun? Sollte man chemische und technische Innovationen zum Stillstand zwingen? Dann hätten Sie zum Beispiel kein Handy in der Hand. In die Steinzeit zurück wollen nicht viele. Da gab es zum Beispiel keine Zahnärzte mit modernen Instrumenten. Und kein Aspirin. Wie aber könnte man ökologisch vorsorgende Entscheidungen über die Gestaltung der Lebensbedingungen, der Wohlfahrt und Sicherheit einer wachsenden Erdbevölkerung treffen?

Die Macht der Ressourcenmenge

Ich erinnere mich daran, dass Paracelsus, der Großvater der Toxikologie, schon vor über 400 Jahren herausgefunden hatte, dass die Konzentration vor Ort über die Auswirkung von Giften entscheidet.[5] Außerdem lernen Chemiestudenten schon früh, dass bei der Änderung von Konzentrationen einzelner Partner in einem dynamischen System, ebenso wie bei Zugabe eines neuen oder bei Abzug eines alten Partners, das System sich ändern, das heißt sich ein neues Gleichgewicht suchen muss. Das bedeutet, dass die Menge an natürlichen Ressourcen, die für die Herstellung und Nutzung eines Produktes in der Umwelt bewegt und aus ihr entnommen wird, entscheidend ist für die Potenz dieses Produktes, die Umwelt zu stören. Stören bedeutet hier, natürliche Abläufe und Gleichgewichte zu verändern. Diese Erkenntnis gilt auch dann, wenn über seine »Giftigkeit« nichts bekannt ist. Es geht um Megatonnen, nicht um Milligramm. Es geht um die Ressourcen von Fläche, Wasser und Material, einschließlich solchen, die für die Produktion von Energie verwendet werden.

ALLE DINGE SIND GIFT, UND NICHTS IST OHNE Gift; ALLEIN DIE Dosis MACHTS, DASS EIN DING KEIN GIFT SEI.

FAMOSO·DOCTOR   PARESELSVS

Meine These lautet: Die Potenz von menschengemachten Produkten und Dienstleistungen, Veränderungen der Umwelt zu verursachen, hängt direkt mit ihrer Ressourcenintensität zusammen. Je größer ihr Bedarf an Fläche, Wasser und Material von der Wiege bis zur Bahre ist, desto mehr verändern diese Produkte und Dienstleistungen die Umwelt.

Der Nutzen dieser Annahme liegt darin, dass man das Umweltstörpotenzial aller Güter mithilfe einer Küchenwaage und eines Zollstocks abschätzen kann. Und man kann es auf gleicher Augenhöhe mit denen aus anderen Ländern ökologisch vergleichen. Vielleicht noch entscheidender ist, dass man auf diesem Wege schon vorsorgend die aus ökologischer Sicht besten Produkte gestalten kann. Damit wird vorsorgender Umweltschutz möglich, und die Suche nach dem Weg in eine nachhaltige Welt weniger schwer.

Ich fand zunächst wenig Anhänger für meine Idee, bei der ökologischen Beurteilung dem Gewicht von Rohstoffen den Vorrang vor ihrer Giftigkeit zu geben. Die Ansichten darüber haben sich seither geändert.

Es ist heute anerkannt, dass nur das, was Ressourcen spart, auch wirklich »grün« sein kann.

Das schließt nie aus, vorhandene Kenntnisse über die Toxizität von beteiligten Stoffen mit zu berücksichtigen.

Ressourcen-völlerei

10 KG

eins.

Wir verbringen, entnehmen und transportieren im Schnitt unglaubliche 30 kg Masse aus der Natur, um 1 kg moderne Technik zu schaffen! Den Einsatz von Wasser noch nicht einmal gerechnet. Der ist noch viel höher. Eine einfache Armbanduhr wiegt in der ökologischen Wirklichkeit über 10 kg. Bei Lebensmitteln ist die Situation nicht viel besser. Und ausgerechnet für die Schaffung der digitalen Welt ist der Verbrauch natürlicher Ressourcen besonders hoch. Ihr Smartphone wiegt in Wirklichkeit über 70 kg, und Ihr PC bringt es auf stolze 12 Tonnen.

70 KG

Soviel mir aus dem Umweltbundesamt bekannt ist, gibt es keine aktuelleren Folgeabschätzungen zu den Auswirkungen digitaler Technik. Geschweige denn Berechnungen, was intelligente Steuerung und Automatisierung durch Digitalisierung, zum Beispiel mit Blick auf Mobilität, Gesundheitsdienste, Arbeitsplätze, Tauschsysteme und Second-Hand-Modelle bewirken können. Dabei erklären alle Parteien im Bundestag immerzu, dass die digitale Technik für die Gestaltung unserer Zukunft entscheidend sei! Ich wünschte mir ein wenig mehr vorausschauende Verantwortung für die ökologischen Folgen.

Bisher hat technisches Recycling den steigenden Verbrauch natürlicher Ressourcen nicht gebremst. Das ist auch nicht sehr verwunderlich. Denn wer für die Herstellung von Dingen viele natürliche Ressourcen aus vieler Herren Länder verbraucht und seine Produkte dann über die ganze Welt verstreut, der hat natürlich große Schwierigkeiten, ihre lückenlose Rückholung, fachkundige Zerlegung, Sortierung und Rückführung in den Kreislauf zu gewährleisten. Es gibt im Übrigen keine technischen Kreisläufe, bei denen nichts verlorengeht. Die Natur hingegen schafft das. Intelligentes Recycling moderner Technik erfordert großes Wissen.[6]

Dass gezielt ressourcensparende Technik gestaltet werden kann, ohne dabei auf Qualität zu verzichten, haben meine Mitarbeiter am Wuppertal Institut schon zu Anfang der 90er-Jahre bewiesen. Einer der Gründe, warum diese Technik noch immer keine entscheidende Rolle spielt, ist, dass unsere Wirtschaftsweise dies verhindert. Denn ökonomisch gesehen liegt der Wert natürlicher Ressourcen nur knapp über null.

Ihnen wird ökonomisch praktisch kein Wert beigemessen, weil sie gleichsam unbeschränkt zur Verfügung zu stehen schienen – damals, als die ökonomische Lehre begründet wurde. Heute ist das anders geworden. Mit Folgen.

Der Klimawandel und die lebensbedrohlich wachsende Instabilität der Ökosphäre sind wesentlich die Folge der Behandlung natürlicher Ressourcen als öffentliches Gut zum Nulltarif.

Man sollte sich deshalb nicht wundern, wenn kaum jemand an natürlichen Ressourcen spart. Wofür wir Geld bezahlen, das sind das Ausbuddeln und der Transport von Rohstoffen und das, was die Industrie daraus macht. Das heißt: Die Preise von Gütern sagen die ökologische Wahrheit nicht. Die heutigen Preise von Gütern und Dienstleistungen auf dem globalen Markt unterstützen die Verschwendung von Ressourcen, weil sie den Verlust ökologischer Stabilität nicht widerspiegeln.

Die Verfügbarkeit natürlicher Ressourcen auf unserem begrenzten Planeten ist begrenzt. Unsere Wirtschaft basiert jedoch noch immer auf der Illusion, dass materielles Wachstum unbegrenzt für alle Menschen möglich sei: mehr Produkte, mehr Konsum, mehr Verkehr und wachsender Handel um die ganze Welt. Das passt nicht zusammen. Das ist ein verlässliches Rezept für das schleichende ökologische AUS.

Artikel 20a des deutschen Grundgesetzes lautet: »Der Staat schützt auch in Verantwortung für die künftigen Generationen die natürlichen Lebensgrundlagen ...« Tut er aber nicht. Jedenfalls nicht so, wie er sollte und könnte.

Aber auch Sie und ich sind jeden Tag an der Verantwortungslosigkeit gegenüber unseren Enkeln und allen anderen Kreaturen der Erde beteiligt. Es ist entscheidend, wofür wir unser Geld ausgeben, welche Wohnung wir mieten, welche Kleidung, Möbel, Küchenmaschinen, Autos wir kaufen und wie oft und wie viel davon. Es macht einen großen Unterschied, ob wir die Dinge nur ein Mal benutzen, ob wir sie nur bei Gelegenheit leihen oder ob wir sie als unser Eigentum pflegen und möglichst lange behalten.

Weil es technisch nicht möglich ist, zerstörte natürliche Lebensgrundlagen in ihren ursprünglichen Zustand zurückzuversetzen, droht für den Umweltschutz ein absolutes, also ein unumkehrbares »zu spät«. Das ist grundsätzlich ganz anders als bei allen anderen großen Problemen unserer Zeit, wie etwa der weltweiten Finanzkrise, den Flüchtlingsströmen, dem maroden Rentensystem, der Terrorgefahr und den Kriegen in der Ukraine und in Syrien. Letztendlich sind diese Probleme lösbar. Eine Reparatur zerstörter natürlicher Lebensgrundlagen aber ist nicht mehr möglich – übrigens auch nicht der Umweltschäden, die durch die großen Krisen verursacht werden. Deshalb kommt dem Schutz unserer ökologischen Lebensgrundlagen die höchste Priorität unter den Pflichten des Staates zu.

Es scheint mir an der Zeit, den Schutz der natürlichen Lebensgrundlagen aller Kreaturen als Verpflichtung aller staatlichen Gewalt ganz am Anfang unseres Grundgesetzes zu verankern. Denn ohne biologische Vielfalt können wir nicht leben.

Genau so dringlich scheint es mir, dass wir Bürgerinnen und Bürger die Menschen, die in Wirtschaft, Gesellschaft, in Kirchen, Gewerkschaften und Politik das Sagen haben, an ihre Verpflichtung zur Erhaltung der Umweltstabilität erinnern. Eindringlich und immerzu.

zwei.

Du sollst natürliche Ressourcen sparen.

Denn jeder Verbrauch von natürlichem Material und Wasser stellt einen Eingriff in die Natur dar, die sich damit unwiederbringlich ändert. Ohne stabile Umwelt aber kann der Mensch nicht überleben.

Wir alle verbrauchen natürliche Ressourcen. Hemmungslos.

Wir stehen auf, putzen uns die Zähne, waschen uns. Nach dem Frühstück spülen wir das Geschirr ab. Dabei verbrauchen wir Wasser. Milliarden Menschen tun dies, Tag für Tag und verbrauchen Hunderte Millionen Kubikmeter Wasser.

Wir stellen die Kaffeemaschine an, schieben ein Brot in den Toaster, bewahren die Butter im Kühlschrank auf. Die Kaffeemaschine, der Toaster, der Kühlschrank verbrauchen Strom: technische Energie, für deren Erzeugung Kohle oder Gas oder Uranoxid aus der Erde gewonnen werden. Auch für den Bau der Fotovoltaikanlagen, die Sonnenenergie in Strom verwandeln, werden natürliche Ressourcen verbraucht.

Wir wickeln die Wurst aus der Alufolie und den Käse aus dem Plastik. Für beide Verpackungen werden Rohstoffe verbraucht – nicht nur bei ihrer Produktion, Lagerung und ihrem Transport, denn auch für die Entsorgung des Materials sind Eingriffe in die Natur nötig. Auch die Plastiktüte verschwindet nicht einfach wieder von unserem Planeten. Zumindet nicht in der Zeitspanne eines Menschenlebens. Und Milliarden von Plastiktüten kommen jeden Tag dazu. Mit dem Plastik, das die Menschen seit dem Zweiten Weltkrieg produziert haben, könnte man die Erde vollständig in Frischhaltefolie einwickeln.[8] Es hat sich in die Tiefe der Meeresböden eingelagert, es hat sich in jedem Winkel der Erde festgesetzt.

Plastic Planet

Bereits eine Stunde nach dem Aufstehen hat jeder Bürger eines Industrielands beträchtliche Mengen an Ressourcen verbraucht: Denn es stecken jede Menge Wasser und Rohstoffe in den Produkten und der technischen Energie, die wir ganz selbstverständlich verwenden. Jeden Tag. Im Augenblick verhalten wir uns so, als hätten wir – gemessen an unserem Rohstoffverbrauch – drei weitere Erden in Reserve. Das heißt: Wir müssen mit natürlichen Ressourcen sparsamer umgehen. Viel sparsamer!

Jede Verwendung von Ressourcen schafft Umweltprobleme.

Und schon jede Bewegung von Ressourcen löst eine Kette von weiteren Bewegungen aus. Milliarden Menschen sind jeden Tag damit beschäftigt, Güter und Rohstoffe von einem Ort an den anderen zu transportieren.

Du sollst natürliche Ressourcen sparen.

Jede Schippe Sand, die von A nach B transportiert oder verbaut wird, bedeutet ein Stück veränderte Natur. Sand ist der wichtigste Bestandteil von Beton und Stahlbeton. In Sand sind auch jene wichtigen Mineralien enthalten, ohne die unsere Kommunikationstechnologie undenkbar wäre – ohne Sand könnte man weder Chips noch Mikroprozessoren herstellen. Gebäude, Straßen, Computer, Kreditkarten, Geldautomaten, Verkehrsmittel, aber auch Glas, Lebensmittel, Kosmetika und Solarzellen: Unsere Zivilisation ist auf Sand gebaut.

Trotz riesiger Wüsten geht uns der Rohstoff Sand allmählich aus. Für Beton ist Wüstensand nicht geeignet, weil seine vom Wind rund geschliffenen Körner nicht aneinander haften. Der als Baustoff begehrte Sand stammt von Meeresböden, Stränden und den Ablagerungen in Flüssen. Etwa 15 Milliarden Tonnen werden jährlich verbraucht, statistisch gesehen sind das weltweit mehr als 2 Tonnen pro Kopf.

Länder wie die Schweiz müssen Sand inzwischen importieren, weil sie selbst keinen mehr haben. Um den Hunger unserer Zivilisation nach Sand zu stillen, werden überall auf der Welt Strände verschandelt und vernichtet – meist durch illegalen Raub von Sand. Ganze Inseln um Indonesien werden illegal abgeräumt, um Singapur und weit entfernte Metropolen weiter aus- und aufzubauen. Sand ist heute eine der begehrtesten Schmugglerwaren der Welt. Und überall dort, wo Sand abgeholt und woanders aufgeschüttet oder in Technik und Anlagen verwandelt wird, wird Natur verändert.

Was für Sand gilt, gilt mehr oder weniger für jedes natürliche Material. Wasser und Luft, Erde und Pflanzen, aber auch Kalkstein, Öl, Kohle oder seltene Erden: All dies wird von uns mit wachsender Geschwindigkeit vernutzt, denaturiert. Viele natürliche Materialien wachsen nicht oder nur extrem langsam nach und lassen sich kaum ersetzen.

Jedes Ackerland ist irgendwann einmal nicht mehr fähig, nutzbare Pflanzen zu ernähren, jeder versiegelte Boden trägt zum Ökosystem in seiner ursprünglichen Funktion nicht mehr bei. In modernen landwirtschaftlichen Produktionsbetrieben sind die Erosion von Muttererde, wie auch die Verdichtung von Böden durch schwere Maschinen zum Problem geworden. Flächen, die mit Straßen und Häusern zugebaut werden, nähren keine Menschen mehr. Sie nehmen auch kein Regenwasser auf, das nicht mehr verdunstet und in den Kreislauf zurückkehren kann, sondern abfließt und das Hochwasser anschwellen lässt. Sie stehen nicht mehr als Lebensraum für Pflanzen und Mikroorganismen zur Verfügung.

Auf der Münchner Sicherheitskonferenz am 2. Februar 2014, die sich ausschließlich mit politischen und militärischen Konflikten befasst, wurde eine Studie präsentiert, der zufolge in China und Indien, aber auch im Nahen Osten und in Afrika das Wasser auszugehen droht. Mehr als die Hälfte des chinesischen Grundwassers ist durch Rückstände aus Industrie und Viehzüchtung verschmutzt und durch Schwermetalle belastet; in Indien und Afrika müssen einige Regionen bereits mit Trinkwasser aus Tanklastwagen versorgt werden. Die durch die Wasserknappheit drohenden globalen Konflikte bereiten nun auch Politik und Militärs zunehmend Sorge.

Auch Holz ist nicht beliebig ersetzbar.

Auch wenn Holz ein vergleichsweise rasch nachwachsender Rohstoff ist, hält die weltweite Regeneration der Wälder nicht annähernd mit dem Verbrauch Schritt. Dadurch drohen tief greifende Veränderungen der gesamten Erde. Da Bäume die Fähigkeit besitzen, Feuchtigkeit aus dem Boden zu saugen und in Form von Wasserdampf in die Atmosphäre abzugeben, sorgen sie für immer wiederkehrende Niederschläge. Wird ein großer Teil des Waldbestandes vernichtet, bleiben Niederschläge irgendwann aus. Das Klima verändert sich, und auf lange Sicht verwandelt sich eine fruchtbare Region mit Tausenden von Lebensformen in eine Wüste.

Doch damit nicht genug. Bäume sind außerdem in der Lage, große Mengen von C (Kohlenstoff) aus CO_2 zu speichern und dabei Sauerstoff abzugeben. Die Brandrodung von Regenwäldern wie zum Beispiel im Amazonasgebiet oder in Indonesien führt also zum Verlust von Speicherkapazität für CO_2 und außerdem zur Vermehrung der menschenverursachten Emission von CO_2 in die Atmosphäre.

Die Vorräte an fossilen Brennstoffen und seltenen Erden sind endlich. Sind sie einmal verbraucht, können sie nicht wieder »aufgeforstet« werden. Ihre Entfernung aus den natürlich angestammten Plätzen führt aber auch zu kollateralen Schäden. Im Ruhrgebiet zum Beispiel sind bereits heute mehr als 70 000 Hektar Oberfläche durch einstürzende Untertagebauten aus dem Kohleabbau so weit abgesunken, dass das Oberflächenwasser sie fluten würde, wenn nicht ständig gepumpt würde. Rechnet man den Energieaufwand und die bewegten Wassermassen dem Bergbau zu, dann ergibt dies über längere Zeit eine negative Bilanz an Energie und Material. Unsere Kinder und Enkel dürfen diese Bilanz dann ausgleichen, wenn sie dies noch vermögen.

Menschliche Eingriffe haben die Natur heute so stark verändert, dass Wissenschaftler von einem neuen Zeitalter sprechen: dem Anthropozän.

Ein Zeitalter, in dem die Menschen die Erde durch die Nutzung natürlicher Ressourcen ganz wortwörtlich umgestaltet haben.[9] Dabei, so prognostizieren diese Wissenschaftler, stehen uns die größten vom Menschen verursachten Veränderungen erst noch bevor.

Wenn der Zucker ausgeht, kaufen wir neuen, wenn das Benzin alle ist, fahren wir zur Tankstelle, und wenn der Akku des Telefons leer ist, hängen wir es an die Steckdose. Dass es irgendwann kein neues Material geben wird, das wir verbauen, verarbeiten oder in technische Energie umwandeln können – dass die Menschheit also mit dem Planeten auskommen muss, auf dem sie lebt –, ist eine Erkenntnis, die erstaunlich hartnäckig verdrängt wird. Deshalb gilt für den Umweltschutz ein ganz einfacher Grundsatz: Wir müssen Ideen und Verfahren entwickeln, um mit erheblich weniger natürlichen Ressourcen auszukommen.

drei.

DAS DRITTE GEBOT.

Du sollst auf den ökologischen Rucksack achten.

Wir müssen Dinge verwenden, bei deren Produktion, Transport, Lagerung, Betrieb und Entsorgung möglichst wenig natürliche Ressourcen verbraucht werden.

Unser Ressourcen-verbrauch wiegt schwer

Nach dem Frühstück legen wir uns die 12,5 kg schwere Armbanduhr ums Handgelenk, ziehen die 3,5 kg schweren Joggingschuhe an und fahren mit unserem 400 kg schweren Fahrrad zum Büro. Wir schalten unseren 12 Tonnen schweren Computer an, und während wir uns mit unserer 52 kg schweren Kaffeemaschine einen weiteren Kaffee kochen, den wir aus einem 1,5 kg schweren Becher trinken, führen wir das erste Gespräch mit dem 70 kg schweren Smartphone.

Eija Koski, Mitglied beim finnischen Bund für Naturschutz in Helsinki, hat eine ganz ähnliche Geschichte erfunden. Sie möchte uns vor Augen führen, dass unsere reale Welt der nützlichen Dinge ganz anders aussieht als gewohnt, wenn man sie aus der Sicht der Natur betrachtet, der die notwendigen Rohstoffe zur Herstellung unserer Technologie entzogen wurden.

Wovon die Geschichte von Eija nicht erzählt ist, dass jedes Kilogramm Baumwolle aus den USA etwa 7000 Liter Wasser „kostet", Eijas Jeans also aus ökologischer Sicht extrem teuer sind. Hätte sie Kleidung aus Bambusfasern gewählt, oder auch aus Chemiefasern, wäre der Wasser-Rucksack sehr viel günstiger ausgefallen.

Von der Wiege bis zum Händler: Der ökologische Rucksack

Eijas Geschichte geht auf Untersuchungen zurück, die wir am Wuppertal Institut durchgeführt hatten. Wir interessierten uns für die Frage, wie schwer, in Kilogramm gemessen, die zur Herstellung von Produkten eingesetzten Rohstoffe sind, wenn man ganz am Anfang zu zählen beginnt – nämlich dort, wo die Rohstoffe aus der Erde genommen werden.[10] Wir addierten dann die an sich nutzlose Menge an Material hinzu, die zur Gewinnung der Rohstoffe aus dem Wege geräumt werden mussten, für die Produktion selbst aber nicht gebraucht wurden (zum Beispiel den »Abraum« bei Kohle und Erzen). Dann war noch die Frage: Wie viel »wiegt« die Energie, die zur Gewinnung, Transport und Verarbeitung der Rohstoffe bis hin zum fertigen Produkt und dessen Vertrieb verbraucht wird?

Energie wiegen?

Natürlich kann man Energie nicht wiegen. Jedenfalls nicht in der Küche. Aber alle Energie, die wir Menschen in unserer technisch geformten Welt verbrauchen – sei es für Wärme, Antrieb, Beleuchtung oder anderes – wird in technischen Anlagen gewonnen, die ihren jeweils eigenen Ressourcenbedarf für die Errichtung und Betrieb haben. Der kann freilich in Kilogramm berechnet werden.

Wenn man nun alle Massen der für die Fertigung eines Produkts gebrauchten Rohstoffe und Energie zusammenzählt, erhält man das, was ich den »ökologischen Rucksack« nannte.

Der ökologische Rucksack eines Produktes enthält alle Rohstoffe, die zu seiner Herstellung aus der Natur entnommen oder in der Natur beiseite geräumt werden mussten, einschließlich der Rohstoffe, die zur Erzeugung der benötigten technischen Energie eingesetzt werden. Da es sich um den Rucksack auf dem Produkt handelt, muss von dem ermittelten virtuellen Gesamtgewicht das Gewicht des Produktes selbst abgezogen werden.

Für Produkte des täglichen Lebens ergab sich ein überraschend hoher Durchschnitts-»Rucksack« von etwa 30 kg Material für jedes Kilogramm Endprodukt – was ja bedeutet, dass auf dem Weg zum nutzbaren Produkt über 90 Prozent der verbrachten und denaturierten Masse auf der Strecke blieb! Wasser ist hier nicht mitgerechnet. Im Bereich Lebensmittel waren (wenig überraschend) die spezifischen Verbräuche an Wasser oft hoch,[11] aber auch die Erosionsraten erstaunlich.[12] Im Bereich Informations- und Kommunikationstechnik IKT liegen die Rucksackwerte sogar noch einmal 10- bis 20-fach darüber.[13] Deshalb hat das Smartphone also einen Rucksack von etwa 600 kg Natur pro 1 kg Produkt.[14] Diese erstaunlich großen Rucksäcke bieten allerdings auch die Chance, sie mit innovativer Technik gezielt zu verkleinern und damit im Sinne einer Ressourcenwende die Ressourcenintensität der Wirtschaft entscheidend zu verringern.

Eine Expertengruppe der EU hat vor 8 Jahren Ökoinnovation wie folgt beschrieben: »Öko-Innovation ist die Verwirklichung neuer und wettbewerbsfähiger Güter, Prozesse, Systeme, Dienstleistungen und Handlungsweisen, die menschliche Bedürfnisse befriedigen und Lebensqualität für alle Menschen schaffen mit einem lebenszyklusweit minimalen Einsatz von natürlichen Ressourcen (Material einschließlich Energieträger, Wasser und Landoberfläche) pro Einheit Output und einer minimalen Abgabe an gefährlichen Stoffen.«[15]

Auf der Basis der hier entwickelten Rechenmodelle werden seither an vielen Forschungseinrichtungen die Materialinputs von Gütern berechnet. Dabei haben Erfahrungen gezeigt, dass der Bedarf an Wasser in der Regel 5- bis 20-mal größer ist als biotische und abiotische Inputs zusammen. Auch hat es sich in der Praxis oft als sinnvoll erwiesen, biotische und abiotische (nicht nachwachsende) Stoffe als gleichwertig oder »verrechenbar« zu betrachten. Alle ermittelten Daten, insbesondere die für den Energieinput, werden stets gesondert gespeichert, um Nachrechnungen und Schwachstellenanalysen zu erleichtern.

Der ökologische Rucksack erfordert ein völliges Umdenken.

Die Umweltfreundlichkeit oder Gefährlichkeit eines Produkts bemisst sich nun nicht mehr allein daran, ob etwa giftige Stoffe enthalten sind, ob bei seiner Verwendung Energie verbraucht oder, wie etwa bei Verkehrsmitteln, Schadstoffe emittiert werden. Mit der Berechnung des ökologischen Rucksacks werden einerseits die gesamte Produktionskette (eingesetzte technische Energie, verwendetes Material, Transport etc.) und andererseits alle möglichen verwendeten Ressourcen (biotische, abiotische, Wasser, Boden, Luft) erfasst. Deshalb verschafft der ökologische Rucksack eine realistische Vorstellung davon, wie stark die Umwelt bei der Herstellung eines Produkts in Anspruch genommen wird. Und dies kann mit der »Küchenwaage« statt mit sehr komplizierten Geräten der Chemie, Physik und Biologie nachvollziehbar abgeschätzt werden.

Mein Konzept stellt einen verlässlichen Rahmen für die richtungssichere ökologische Rechnung zur Verfügung. Solange nicht der gesamte Rucksack berücksichtigt wird, erhalten wir fast immer ein trügerisches Bild von der Umweltqualität eines Produkts. Ein Vergleich der ökologischen Rucksäcke von Produkten führt in vielen Fällen dazu, dass die Umweltqualität von Produkten völlig neu bewertet werden muss. Zum Beispiel bei Autos. Darüber wird im neunten Gebot zu reden sein.

Betrachtet man die ökologischen Rucksäcke von Produkten, wird eines deutlich: Der Materialinput in unseren Gütern ist extrem hoch. Dabei kommen 90 Prozent der Ressourcen, die bei der Herstellung eines Produktes vernutzt wurden, dem Nutzen des Produktes nicht zugute. Sie sind Abfall. Der Endverbraucher aber kann nicht sehen, wie viele Ressourcen in ein Produkt investiert wurden, und er kann es nicht beeinflussen.

Bei manchen Geräten fällt der Unterschied von Rucksäcken schon bei bloßer Betrachtung ins Auge. Eine Kaffeemaschine, die den Kaffee in einzelnen Alukapseln verpackt verarbeitet, schadet der Umwelt mehr als eine Maschine, in der der Kaffee bloß mit heißem Wasser aufgebrüht wird. Für diese Erkenntnis bedarf es keiner umständlichen Berechnung des Materialinputs, wenn man sich beim Einkauf der Maschine ökologisch entscheiden will. Eine kurze Berechnung zeigt jedoch die Dimension auf, wenn man aus dem ökologischen Blickwinkel auf ein ganzes Land schaut: In Deutschland werden über eine Milliarde Kaffeekapseln pro Jahr eingesetzt. Bei Aluminium beträgt der Rucksack nahezu 100 kg pro kg (100/1). Nehmen wir an, die Kapseln wiegen ohne Inhalt je 0,5 g. Das ergibt damit bei 1 Milliarde Kapseln ein Gesamtgewicht von 2 500 Tonnen Naturverbrauch pro Jahr.

1 000 000 000 KAFFEEKAPSELN

2 500 000 KG NATURVERBRAUCH

Wenn man so will, entspricht der ökologische Rucksack in Kilogramm Natur dem Preis eines Produktes in Euro. In beiden Fällen rechnen sich die Werte von der Wiege an und nehmen im Lauf der Fertigung nachrechenbar zu. Im Falle des Preises spricht man von Wertschöpfung. Im Falle des Rucksacks sollte man eher von Wertverbrauch oder Naturvernutzung sprechen.

Aus der Perspektive des Ressourceneinsatzes lässt sich die Frage nach der Umweltfreundlichkeit oder -schädlichkeit von Produkten praktisch immer relativ klar beantworten. Der ökologische Rucksack stellt damit einen richtungssicheren Indikator für die ökologische Qualität dar, der weltweit und für jegliche Art von Produkten und Dienstleistungen verwendet werden kann.

Kritik am ökologischen Rucksack

Natürlich wird häufig eingewendet, es mangele diesen Rechnungen an wissenschaftlicher Exaktheit. Die starke Verkürzung des Problems auf einen einfachen Wert, der in Kilogramm ausgedrückt wird, werde der Komplexität der Zusammenhänge keineswegs gerecht. Das stimmt. Doch manchmal müssen wir uns, um überhaupt handeln zu können, solcher mentalen Abkürzungen bedienen (die Theorie spricht von Heuristiken. Sie liefern uns zwar keine Antworten bis in jedes Detail, können dafür aber eine sichere Richtung weisen können. Denn:

Der Satz, dass weniger Ressourcenverbrauch die Umwelt schont, gilt immer.

Das sollte in den vorangegangenen Ausführungen deutlich geworden sein. Da fast jede Entnahme, Bewegung und Verwendung von natürlichem Material unter dem Einsatz von technischer Energie erfolgt, schließt dieser Satz nahezu immer auch die Einsparung von technischer Energie ein. Anders gesagt: Selbst wenn die Rechnungen im Einzelnen unvollständig und mit Ungenauigkeiten behaftet sind, ändert das nichts daran, dass eine Reduzierung des Materialaufwands der Umwelt immer zugutekommt.

Was sind natürliche Ressourcen?

Zunächst einmal sind unter natürlichen Ressourcen[18] Rohstoffe, Boden, Wasser, Luft und Fläche zu verstehen. Zu den Rohstoffen gehören Mineralien, fossile Energieträger und Kernbrennstoffe, Biomasse und wilde Tiere. Unter dem Stichwort Fläche werden Landnutzung für Behausung, Industrie, Infrastrukturen, Bergbau, Land- und Forstwirtschaft zusammengefasst.

Im Konzept des ökologischen Fußabdrucks werden die Materialinputs getrennt nach fünf verschiedenen Input-Kategorien erfasst:

Biotische (erneuerbare) Rohstoffe: pflanzliche Biomasse aus Bewirtschaftung, Biomasse aus nicht bewirtschafteten Bereichen (Pflanzen, Tiere etc.)

Abiotische (nicht erneuerbare) Rohmaterialien: mineralische Rohstoffe, fossile Energieträger, nicht verwertete Rohförderung (zum Beispiel Abraum), Ausschachtungen

Bodenbewegungen in der Land- und Forstwirtschaft: mechanische Bodenbearbeitung, Erosion

Wasser: Natürliches Oberflächenwasser, Grundwasser, Tiefengrundwasser (unterschieden nach Prozess- und Kühlwasser). »Reines« (destilliertes) Wasser kommt in der Natur nicht vor.

Luft: Verbrennung, chemische Umwandlungen

Von der Wiege bis zur Bahre. Was bezahlt die Natur für Nutzen?

Der ökologische Rucksack wird schrittweise auf dem Weg vom Ursprung bis zum Händler gefüllt. Wie aber rechnet sich das ökologisch, um was es wirklich geht: nämlich der Nutzen, der mir erwächst, wenn ich die Waschmaschine für mich arbeiten lasse, um meine Wäsche zu säubern? Was füge ich dem ökologischen Rucksack meiner Waschmaschine hinzu, um den Preis der Naturvernutzung für meinen Nutzen zu errechnen?

Klar ist zunächst, dass ich meine Rechnung für die gesamte Lebenszeit der Maschine aufmachen muss, denn solange wäscht das gute Ding jeweils 5 kg Wäsche viele Male hintereinander. Es geht also um den Ressourcenverbrauch pro 5 kg saubere Wäsche ein ganzes Leben der Maschine lang, also von der Wiege bis zur Bahre. Nennen wir den Naturverbrauch dafür den Materialinput MI. Was wir wissen wollen, ist die Höhe des MI pro Dienstleistung S (Service). Dies lässt sich zum MIPS zusammenfassen: einer Einheit zur Berechnung des verbrauchten Naturmaterials pro einzelner Dienstleistung. Im Folgenden werde ich MIPS auch als materiellen Fußabdruck bezeichnen.

Auch die Lebenszeit von Gütern spielt selbstverständlich eine gewichtige Rolle, was die Vernutzung von Natur pro Einheit erzeugtem Nutzen angeht. Denn je länger ein Produkt, also eine bereits erfolgte Ressourceninvestition, genutzt wird, um Nutzen zu erbringen, desto günstiger fällt die »Natur-Rendite« aus.

Wir errechnen den materiellen Fußabdruck, indem wir zum ökologischen Rucksack in Kilogramm plus das Eigengewicht der Maschine die Waschmittel in Kilogramm und die Energie in Kilogramm hinzufügen, die während ihres ganzen Lebens verbraucht werden.[16]

Nehmen wir an, der Rucksack unserer Waschmaschine beträgt 600 kg und sie lebt 2 000 Waschgänge lang (ca. 10 Jahre bei 4 Tagen pro Woche Nutzung). Und nehmen wir weiter an, sie verbraucht pro Waschgang 0,44 kg Waschmittel und 1 kg Strom aus dem Gaskraftwerk (= ca. 3 kWh). Dann ergibt sich für die lebenslange Nutzung der Waschmaschine: 600 kg Rucksack + 880 kg Waschmittel (einschließlich Rucksack) + 2000 kg für Strom = insgesamt 3480 kg für materiellen Fußabdruck.[17] Das sind fast 3,5 Tonnen Natur, Wasser nicht gerechnet.

Der Nutzen vom Betrieb meiner Maschine ist das Säubern von insgesamt 5 x 2000 = 10 000 kg Textilien. Der materielle Fußabdruck ist demnach 3480/10 000 = 0,348 kg Naturverbrauch pro kg Wäschereinigung, oder 348 g pro Säuberung von 1 kg Wäsche. Bei Nutzung von Strom aus Windanlagen ergäbe sich ein materieller Fußabdruck von etwa 250 g pro Säuberung von 1 kg Wäsche, weil die Windanlage Strom mit einem kleineren Rucksack produziert als das Gaskraftwerk.

Wenn wir für ein Schlagbohrgerät 4 kg Eigengewicht und einen ökologischen Rucksack von 60 kg annehmen und weiterhin, dass ein solches Gerät in jedem deutschen Haushalt zu finden ist, dann wurden hierfür um die 3000 Tonnen Natur investiert, Wasser nicht gerechnet. Ohne Strom und Bohrer zu rechnen, ergibt sich bei 10 Löchern pro Jahr und Haushalt in allen Haushalten und einer mittleren Lebenszeit der Bohrer von 10 Jahren damit ein materieller Fußabdruck pro gebohrtem Loch von rund 600 g. So geht Technik heute!

Der materielle Fußabdruck
EINER WASCHMASCHINE

Du sollst auf den ökologischen Rucksack achten.

Kann ein Verbraucher den materiellen Fußabdruck von Nutzen beeinflussen?

Stellen Sie sich vor, Sie verbringen Ihren Urlaub im Hotel. Im Preis inbegriffen sind frische Handtücher für jeden Tag. Wenn Sie nun, wie zu Hause auch, die Handtücher länger nutzen, sagen wir 4 Tage lang, dann sparen Sie damit alle Ressourcen, die drei Mal für Abholen, Transport, Waschen, Trocknen, Transport und Wiederaufhängen der Handtücher aufgewendet wurden. Das heißt, Sie haben die Ressourceneffizienz für die Verfügbarkeit ordentlicher Handtücher um den Faktor 3 verbessert. Der Hotelbetreiber spart dafür einige Euro, deshalb ist er auch gerne bereit, Sie auf diesen Dienst an der Natur im Badezimmer hinzuweisen. Vielleicht möchten Sie Ihre Einsparung das nächste Mal mit ihm besprechen, wenn Sie Ihre Rechnung begleichen.

Und was die Optimierung des Nutzens Ihres Staubsaugers oder Autos betrifft, so benutzen Sie das Gerät am besten bis es aufhört zu funktionieren, um die in sie investierte Natur bestmöglich zu nutzen, also um den materiellen Fußabdruck zu minimieren.

Und Reparaturen? Hier ist die Frage, wie viele Ressourcen aufgewendet werden müssen, um eine weitere Nutzung des Geräts zu ermöglichen. Im Prinzip ist das bei Ihrer Geldanlage in diese Geräte das Gleiche.

Anders als im Niedrigpreissektor und bei Massenware gibt es eine Reihe von Luxusgütern, die sich allen Konsumtrends widersetzen. So werden auch heute noch handgeknüpfte Teppiche aus fernen Ländern geschätzt und ein Leben lang sorgsam gepflegt. Ähnliches gilt für Musikinstrumente, Ölgemälde und Schmuck. Würden wir mit allen Gütern, die wir besitzen, so sorgsam umgehen, hätten wir weniger Probleme mit der Umwelt!

vier.

DAS VIERTE GEBOT.

Du sollst an die Natur denken, bevor du etwas anschaffst.

Denn nicht nur die Nutzung von Dingen schadet der Umwelt. Zur Umweltschädlichkeit zählen immer auch die Ressourcen, die bei der Herstellung und der Entsorgung von Produkten vernutzt werden.

Der Rebound-Effekt

Wer sparen will, muss im Haushalt anfangen. Das dachte sich die Regierung in Mexiko und versprach der Bevölkerung attraktive Verschrottungsprämien, wenn sie ihre alten Klimaanlagen durch neue, besonders stromsparende Modelle ersetzen würde – im Zeichen des Umweltschutzes. Statt den Stromverbrauch zu verringern, trieben ihn die neuen Modelle jedoch in ungeahnte Höhen. Was war geschehen? Da der Betrieb der Klimaanlagen dank ihrer Energieeffizienz billiger geworden war, schwand die Angst vor hohen Stromrechnungen. Viele Mexikaner gönnten es sich daraufhin, die Anlagen wesentlich länger laufen zu lassen als zuvor.

Der Effekt für die Umwelt war nun doppelt negativ: Nicht nur wurde mit den neuen Klimaanlagen mehr Energie verbraucht als zuvor – weil sie zwar energiesparender waren, aber länger liefen –, sondern man verschrottete zudem alte, funktionsfähige Modelle zugunsten neuer, deren Produktion aber eine Menge zusätzlicher Ressourcen kostete.

Ein ähnliches Problem wurde in der Umweltpolitik bereits häufig beobachtet und beschrieben. Man spricht vom »Rebound-Effekt«: Eine Maßnahme im Zeichen des Umweltschutzes wirkt sich negativ auf die Umwelt aus.

Reduziert man den Materialaufwand bei der Herstellung von Autos oder Mobiltelefonen, produziert zugleich aber doppelt so viele davon, so wird die positive Wirkung kleinerer Rucksäcke im Produkt durch die Verdopplung der Zahl der Produkte wieder zunichtegemacht. Ein solcher Effekt kommt schnell zustande, etwa weil in Massen hergestellte Mobiltelefone billiger werden oder weil sich durch günstiger und umweltfreundlicher gewordene Autos jeder zwei bis drei Wagen leisten kann.

Eine stromsparende Klimaanlage, die ständig läuft, schadet der Umwelt mehr als eine stromfressende Anlage, die meistens ausgeschaltet ist. Die Fahrt in der leeren S-Bahn ist ökologisch weit weniger günstig als die Fahrt in einem voll besetzten BMW: auch die öffentlichen Verkehrsmittel rechnen sich erst, wenn sie entsprechend genutzt werden, finanziell wie auch ökologisch. Man redet hier von Auslastung der Kapazität, Nutzen zu schaffen. Das ist keine Frage der Technik. Hier geht es um kluges Management.

Wirklich umfassend wird unsere Umweltrechnung also nur, wenn wir unseren Fokus darauf richten, wie wir Produkte nutzen.

Würden wir Autos, Telefone und Computer nicht alle zwei bis vier, sondern alle fünf bis zehn Jahre oder noch seltener erneuern – der positive Effekt auf die Umwelt wäre enorm hoch, gerade weil Pkws und die Geräte der Informations- und Kommunikationstechnik so verbreitet sind und hier gigantische Mengen an Ressourcen investiert werden.

Für den Endverbraucher – für Sie und mich – ergibt sich aus all dem die Erkenntnis: Wer die Umwelt wirklich schützen will, muss weniger Produkte mit kleinerem materiellem Fußabdruck möglichst lange nutzen.

Viele Geräte sind heute so gebaut, dass ihre Reparatur schwierig und der Austausch einzelner Teile teuer geworden ist. Dabei wäre es nicht schwierig, Autos, Computer, Drucker, Scanner und Mobiltelefone länger nutzbar zu machen, wenn verschlissene Teile ersetzt werden könnten und das Gerät dabei vielleicht sogar aufgerüstet werden könnte. Beim Computer lässt die Geschwindigkeit der Entwicklung im Bereich der Software die Hardware schnell veralten. Das müsste jedoch nicht so sein, wäre es möglich, nach einer gewissen Zeit zu kleine Speicher durch größere und zu langsame Prozessoren durch schnellere zu ersetzen, ohne deshalb gleich den ganzen Laptop oder PC zu entsorgen. Bei Druckern ist es oft nur eine einzige Walze, die den Geist aufgibt. Auch hier wäre es ökologisch um vieles besser, diese auszutauschen, anstatt jedes Mal einen neuen Drucker zu kaufen. Oder beim Smartphone: einzelne Komponenten wie Akku oder Kamera auszutauschen statt gleich ein neues Gerät anzuschaffen, ist ökologisch sinnvoll.

Dass das geht, zeigten die Erfinder des »Fairphone« (www.fairphone.com). Dieses 2013 auf den Markt gekommene Smartphone ist so gebaut, dass einzelne Teile nach Verschleiß ersetzt werden können. Unter anderem wird es mit einem Ladekabel geladen, das auf dem Markt besonders verbreitet ist. Dieses Kabel wird überhaupt nur mitgeliefert, wenn der Käufer nicht bereits ein solches Ladekabel besitzt. Auch alte Akkus lassen sich austauschen. So führen die Macher des Fairphones der Welt klar vor Augen, was an ökologisch sinnvollen Lösungen möglich ist.

Auch die Handy-Reparaturläden – wie der iPhone-Doktor – sind ein Beispiel dafür, wie selbst bei hohen Arbeitskosten eine Reparatur von Dingen angeboten werden kann. Sepp Eisenriegler in Wien ist einer der agilsten und fähigsten Experten im Bereich Reparatur von Haushaltsgeräten und hat sich mit der Aufdeckung merkwürdiger Testmethoden bei den Herstellern einen Namen gemacht. So wird zum Beispiel der Stromverbrauch von Waschmaschinen nur für den langsamsten Zyklus und der von Staubsaugern ohne Beutel gemessen.[18] VW lässt grüßen!

Gehen unsere Geräte planmäßig kaputt?

Stefan Schridde erzählt in seinem Buch »Murks, Nein danke!«[19] Geschichten über geplante Obsoleszenz, dem vorbestimmt frühen Tod von Produkten. Er beschreibt Beispiele und Auswüchse dieser Schummelei.

Ich glaube nicht, dass der eingebaute frühe Tod in Produkten heute weitverbreitet ist. Dennoch verwundert die relativ kurze Lebenszeit vieler technischer Alltagsprodukte sehr. Früher Tod von Produkten kann selbst bei kleinem materiellem Fußabdruck zu großer Naturvernutzung führen, weil er den Absatz neuer Geräte fördert. Der Dokumentarfilm »Kaufen für die Müllhalde« (2010) von Cosima Dannoritzer macht die Bedeutung der Lebensdauer von Produkten deutlich. Fragen Sie Ihren Händler nach der Garantiezeit, wenn Sie etwas kaufen, und machen Sie sich schlau über die Kosten, Bedingungen und Laufzeiten von gesonderten Verträgen zur »kostenlosen« Instandhaltung. Und Sie sollten auch danach fragen, ob nur ausgewählte Werkstätten Reparaturen ausführen können – und warum dies so ist. Denn Fahrten zur Reparaturwerkstatt können verbrauchsintensiv sein und viel Zeit und Geld kosten.

Bei Wegwerfprodukten, die nur ein einziges Mal genutzt werden können, ist der gesamte Rucksack an investierter Natur in einem Mal »aufgebraucht«.

Natürliche Ressourcen müssen länger dienen

Zur Stabilisierung unseres Trägersystems Erde wird es nicht reichen, die Produkte materiell zu verschlanken. Es reicht nicht aus, nur Produkte mit kleinerem Rucksack herzustellen und weniger Ressourcen während ihrer Nutzung zu vernutzen), gleichzeitig aber immer mehr davon zu produzieren. Wir müssen Produkte länger nutzen.

Was kann der Konsument hierfür tun?

Wir können die Qualität und Lebensdauer eines Produkts zum Maßstab unserer Kaufentscheidung machen. Offensichtlich ist hier die vom Händler gewährte Garantie mitentscheidend.

Wir können der Reparatur eines Geräts den Vorzug vor einem Neukauf geben. Das heißt, wir müssen uns schon bei der Anschaffung überzeugen, dass Reparaturen professionell, kostengünstig und geografisch weitverbreitet machbar sind.

Wir können Sportausrüstungen, Fahrzeuge und vieles andere mieten statt kaufen. Kommerzielle Vermieter haben ein Eigeninteresse daran, dass ihre Waren und Geräte verlässlich funktionieren und lange leben.

Wird zum Beispiel eine neue Heizungsanlage erforderlich, können wir in Erfahrung bringen, ob es eine Firma gibt, die uns »Wärme« verkauft anstatt einer neuen Heizungsanlage. Der Anbieter garantiert ausreichend Nutzen (Wärme) zur rechten Zeit, ist am langen Leben seiner Anlage in unserem Haus interessiert und schafft sich den Vorteil eines stetigen »Cashflows«. Er verleiht nicht Geld wie eine Bank, sondern er verleiht Ihnen umgewandelte Natur und den Nutzen davon und stellt dies regelmäßig in Rechnung.

Reparieren ist das neue Kaufen

Reparieren lohnt sich, denn wenn ein Haushaltsgerät lange Jahre treue Dienste geleistet hat, dann ist es von hoher Qualität und kann häufig einfach und sinnvoll wieder in Funktion gesetzt werden. Zu dieser Erkenntnis kam ein Ingelheimer Unternehmen und schrieb sich die Reparatur bewährter Haushaltshelfer auf die Fahnen. Immer wieder hatten die Mitarbeiter nämlich erlebt, dass die meisten Geräte, die sie nicht mehr retten konnten, jünger waren als fünf Jahre, also einer neuen Baugeneration angehörten. Die älteren Maschinen hingegen waren nach einer Reparatur wieder voll funktionsfähig. Dieser Beobachtung trugen sie Rechnung, indem sie ihre Betriebsphilosophie anpassten und sich zu »Umwelthandwerkern« wandelten. Nun schicken sie beispielsweise den »Waschmaschinendoktor«, wenn die Maschine zu schwächeln beginnt. Stellt der dann doch fest, dass keine Aussicht auf Reparatur mehr besteht, ist der Befund verlässlich. Denn der Betrieb handelt nicht mit Neugeräten und hat folglich auch kein Interesse an vorsätzlichen Fehleinschätzungen.

Im Internet findet man zahlreiche Anbieter von Reparaturen. Oft übersteigen die Preise für Reparaturen jedoch leider den Preis neuer Produkte. Das ist der noch immer üblichen Steuerpolitik gedankt, die Arbeit teuer macht und für die übermäßige Vernutzung von natürlichen Ressourcen keine Verantwortung übernimmt. Seit vielen Jahren fordern viele Experten aus diesem Grunde eine Umschichtung der Abgaben auf Einkommen hin zu einer stärkeren steuerlichen Belastung von natürlichen Ressourcen. Leider bis heute ohne den notwendigen Erfolg.

fünf.

DAS FÜNFTE GEBOT.

Du sollst nur besitzen, was du wirklich brauchst.

Denn »wahrer Reichtum ist der Nutzen der Dinge, nicht ihr Besitz« (Aristoteles).

Produkte und Dienstleistungen

Weshalb kaufen wir uns etwas? Wir kaufen eine Waschmaschine, weil das Waschen per Hand mühsam und zeitaufwendig ist. In unserer Küche steht ein Kühlschrank, der unsere Lebensmittel vor dem Verderben schützt, und ich habe zu Weihnachten einen Schlagbohrer bekommen, weil der Schwager auch einen hat. Und zum Geburtstag gab es einen Laubbläser, weil das Rechen und Fegen sehr mühsam geworden war. Sie alle brauchen Platz. Deshalb haben wir neulich eine Aufbewahrungshütte aus Metall für den Garten bestellt. So ist die Garage wieder groß genug für das Auto.

Eigentlich steht doch bei Geräten der Nutzen – der Service – im Vordergrund, mit der eine bestimmte, von uns gewünschte Funktion wie »schmutzige Wäsche waschen«, »Staub saugen«, »ein Loch in die Wand bohren« oder »von A nach B gelangen« erfüllt wird. Aus dieser Perspektive gesehen nehmen wir unablässig die Dienste von materiellen Gütern in Anspruch, die uns nützlich sind: Die warme Dusche am Morgen verdanken wir der Heizungsanlage, dem städtischen Wasserwerk, den Leitungen aus PVC und vielen anderen Dingen, die alle im Konzert funktionieren müssen.

Das Wichtigste an einem Produkt ist also offenbar der Nutzen, den es uns bringt, indem es ein Bedürfnis oder eine
Funktion erfüllt.

Das bestimmt unsere Lebensqualität und unsere Befindlichkeit. Wer diese Dienstleistung erbringt, Mensch mit Maschine, oder Maschine ohne Mensch, ist dabei zumeist nicht wichtig. Ich besorge mir mein Bargeld gerne an Maschinen. Allerdings möchte ich mich im Krankenhaus lieber von einem Arzt untersuchen lassen als von einem Roboter. Ob ich mich mit einem selbstständig fahrenden Auto bewegen möchte, weiß ich noch nicht. Es ist mir aber egal, ob ein Mensch oder eine Maschine meine Wäsche reinigt (solange der Mensch fair behandelt und bezahlt wird). Hauptsache, sie wird sauber und das zu einem vernünftigen Preis.

Swirl

Wenn die Funktion eines Gerätes im Vordergrund steht statt des Aussehens, werden ganz neue Überlegungen wichtig. Ein gutes Beispiel dafür ist der Swirl, eine Waschmaschine »to go«.

In Entwicklungsländern, dachten sich die Erfinder, stellt Wäschewaschen aus mehreren Gründen ein Problem dar. Diese Arbeit wird in den meisten Fällen von Hand erledigt, und oft müssen weite Strecken zurückgelegt werden, um Zugang zu Wasser zu haben. Auf dem Hinweg tragen die Frauen die Körbe mit der schmutzigen Wäsche. Schon das ist anstrengend. Doch der Rückweg ist noch schwieriger, weil die gewaschene Wäsche nun nass ist und deutlich mehr wiegt.

Diesen Schwierigkeiten stellt sich Swirl. Die mobile Waschmaschine hat die Form einer Kugel mit Deckel. Zu Hause wird sie mit Wäsche befüllt und zur Wasserstelle gerollt,[20] wo Wasser hinzugefügt wird. Rollt man die Kugel nun wieder zurück, so geschieht im Grunde das Gleiche wie in einer herkömmlichen Waschmaschine: Die Drehbewegung sorgt dafür, dass die Wäsche sauber wird. Durch einfaches Ziehen eines Handgriffs wird das benutzte Wasser wieder ausgelassen und kann für andere Zwecke weiter verwendet werden.

Swirl sieht nicht zufällig aus wie ein Ball. Die Erfinder haben sich nämlich kein geringeres Ziel gesteckt, als die soziokulturelle Beziehung zwischen Frauen und Kindern zu verbessern und Waschen zu einem Vergnügen zu machen.[21]

Produkte sind Dienstleistungserfüllungsmaschinen.

Erstaunlich finde ich, dass wir in der Regel weder wissen, was ihr Nutzen uns wirklich kostet, noch kennen wir die Menge Natur, die hierfür aufgewendet wird. Unsere Wirtschaft und wir Konsumenten sind offenbar bis heute überwiegend auf das Produkt fixiert: Wenn wir Güter erstehen, bezahlen wir nicht für den Nutzen, den wir durch ihre Nutzung erhalten, sondern für das Gerät. Ökologisch gesehen bezahlen wir also für den Rucksack des Geräts, aber nicht für den materiellen Fußabdruck, den seine Nutzung verursacht. Unser Denken ist offenbar gewohnheitsmäßig auf Konsumgüter ausgerichtet, von denen wir erwarten, dass sie uns Arbeit abnehmen und glücklich machen, aber nicht auf den Nutzen selbst. Wir sehen das Produkt, nicht den Nutzen, den er uns bringt. Die Ökosphäre sieht das anders.

Der Philosoph Theodor W. Adorno bezeichnete die Warenwelt des modernen Kapitalismus einmal als sichtbares Zeichen für das Glück, das uns die Französische Revolution und die Aufklärung versprachen: Einst waren Luxusgüter nur einer kleinen Elite zugänglich. Erst als die massenhafte Produktion von Gütern diese allen Menschen zur Verfügung stellte, wurde das Versprechen der Gleichheit eingelöst. Doch schon Adorno sah die Kehrseite der Medaille: Die unerbittlichen Gesetze der Warenwelt werden heute von vielen als Konsumzwang empfunden. Durch allgegenwärtige Verbrauchswerbung, die ja immer auf unsere Rechnung geht, werden wir zum Konsum gedrängt und für die daraus resultierenden Schäden an den Dienstleistungen und Funktionen der Ökosphäre hinterher noch einmal zur Kasse gebeten.

Produkte als Prestige- & Genuss- objekte

Der unmittelbare Nutzen, den ein Produkt erbringt, bildet nur einen Ausschnitt aus dem Spektrum möglicher Funktionen. Schmuck und Bilder etwa kaufen wir aus Freude am Schönen oder als Wertanlagen; und mit dem neuen Kleid, Anzug, Parfüm oder Auto bringen wir unseren individuellen Lebensstil zum Ausdruck. Das Auto, die Handtasche, technische Geräte wie das Smartphone und der Computer sind heute mehr als nur Gebrauchsgegenstände. Es sind Dinge, zu denen wir eine emotionale Beziehung aufbauen und die auch der Selbstdarstellung, der Hebung unseres Prestiges dienen. Doch auch das kann man letztendlich als Dienstleistung oder Funktion betrachten. Ein Produkt, das unser Prestige hebt, leistet uns auch einen Dienst.

Der materielle Fußabdruck reicht noch nicht

Wie umweltfreundlich wir uns verhalten, hängt nur bedingt vom materiellen Fußabdruck von Dingen ab. Wer sich jedes Jahr ein neues Auto kauft und sein altes verschrottet, der schadet der Umwelt – ganz egal, ob es sich um einen Kleinwagen mit verhältnismäßig wenig Blech oder um einen materialintensiveren Geländewagen (SUV) handelt. Entscheidend ist also nicht allein das Produkt, sondern vor allem der Service (S in MIPS), den es leistet. Und der kann sehr unterschiedlich ausfallen – selbst bei identischen Produkten.

Ein kontrastscharfes Beispiel: Zwei identische Neuwagen tragen beim Kauf denselben ökologischen Rucksack. Sie wurden mit derselben Menge an verbrauchter Natur produziert. Nun gerät der Käufer des ersten Wagens, der das Gefährt ausschließlich alleine nutzt, nach zwei Monaten in einen Unfall mit Totalschaden. Das Auto wird verschrottet. Der zweite Wagen wird von einem Familienvater mit drei Kindern fünfzehn Jahre lang gefahren.

Rechnet man nun, wie viele Ressourcen für jeden einzelnen gefahrenen Kilometer pro Person vernutzt wurden, so fällt die ökologische Bewertung des Nutzens der beiden Autos extrem unterschiedlich aus. Betrachtet man nicht das Auto, sondern den Nutzen – in diesem Falle die Beförderung von Personen über bestimmte Strecken –, so ergibt sich für die beiden Wagen ein völlig unterschiedlicher ökologischer Wert. Um diesen zu vergleichen, muss der lebenzyklusweite Materialaufwand berechnet und durch die Zahl der gefahrenen Kilometer dividiert werden. Gehen wir für das Beispiel mit einer vereinfachten Rechnung davon aus, dass der Materialinput von der Wiege bis zur Bahre bei circa 60 Tonnen liegt. Bei dem zweiten Wagen, der 15 Jahre gefahren wurde, liegt er vielleicht bei 70 Tonnen, da hier ja mehr Benzin verbraucht wurde und vielleicht noch die eine oder andere Reparatur hinzuzurechnen ist.

Nehmen wir weiter an, dass der Unfallwagen bis zur Verschrottung 2000 km von einer Person, der andere Wagen 200 000 km ebenfalls nur von einer Person genutzt wurde. Für den ersten Wagen ergibt sich also ein Wert von 60 000 kg geteilt durch 2000 km = 30 kg verbrauchte Natur pro Personen-km. Für den zweiten Wagen liegt der Wert bei 70 000 kg geteilt durch 200 000 km = 0,35 kg verbrauchte Natur pro Personen-km. Die Ressourcenvernutzung, die für den Unfallwagen pro gefahrenem Kilometer für einen Fahrgast angefallen ist, liegt um fast ein Hundertfaches höher als der des zweiten Autos!

Nimmt man nun an, im zweiten Wagen wurden statt einer im Schnitt drei Personen befördert, sieht die Rechnung wieder anders aus: Dann nämlich kommt man nicht auf 200 000, sondern auf 600 000 Personen-km. Der für den Ressourcenverbrauch pro gefahrenem Kilometer ermittelte Wert läge dann nur noch bei 0,116 kg verbrauchte Natur pro Personen-km, der des Unfallwagens wäre damit beinahe um einen Faktor 300 höher. Man vergleiche dieses Ergebnis mit dem von mir geforderten Faktor 10 zum Gelingen der Ressourcenwende!

Wie wir bereits im dritten Gebot (»Du sollst auf den ökologischen Rucksack achten«) besprochen haben, wird der so ermittelte Wert als materieller Fußabdruck bezeichnet. Jedes Produkt hinterlässt auf seinem Weg von der Wiege bis zur Bahre einen solchen materiellen Fußabdruck auf unserem Planeten.

Der materielle Fußabdruck macht unterschiedliche Produkte vergleichbar.

Damit wird der materielle Fußabdruck für die ökologische Kennzeichnung von allen Produkten und Dienstleistungen verwendbar.

Ein Neuwagen, der kurz nach dem Kauf verschrottet wird, hinterlässt einen katastrophalen materiellen Fußabdruck: Für nur wenige gefahrene Kilometer wurden 40 oder 60 Tonnen Natur vernutzt! Eine staatlich vorgesehene Verschrottungsprämie dürfte für einen solchen Fall wohl als ökologischer Wahnwitz betrachtet werden, es sei denn, alles verschrottete Material wird für die Herstellung einer (oder mehrerer) neuen Nutzenerfüllungsmaschine verwandt, für die Bedarf besteht.

Es gibt, streng genommen, keine wirklich »umweltfreundlichen« Produkte: Es gibt nur solche, die der Umwelt weniger schaden als andere.

Worauf es ankommt, ist unser Verhalten: die Art und Weise, wie wir Dinge nutzen, um unseren Wohlstand zu leben.

Der materielle Fußabdruck ist komplizierter zu berechnen als der ökologische Rucksack, aber er verschafft uns Informationen darüber, wie ökologisch Produkte gebaut sind und wie viel Ressourcen sie während ihrer Nutzung vernutzen, aber eben auch, wie umweltfreundlich wir sie nutzen.

Je länger ein Produkt funktioniert, also Nutzen bringt, desto kleiner wird sein materieller Fußabdruck für jede einzelne Dienstleistung Denn der ursprünglich investierte Rucksack bleibt ja derselbe. Der materielle Fußabdruck des Kölner Doms ist über die Zeit kleiner geworden, da er seit nahezu tausend Jahren von Millionen Gläubigen genutzt wird. Und er verringert sich mit jedem Jahr weiter – selbst wenn er bereits mehrfach aufwendig restauriert werden musste.

Je öfter wir ein Produkt nutzen, desto weniger Ressourcenverbrauch fällt für jede einzelne Nutzung an.

Denn mit jeder neuen Nutzung verteilt sich der ursprüngliche Materialinput auf eine höhere Zahl von Nutzungen. Damit sinkt also der anteilige Ressourcenverbrauch am materiellen Fußabdruck. Dabei sollten wir das Produkt nur benutzen, wenn wir den Nutzen wirklich brauchen.

Rechnerisch stellt der Materialaufwand eine feste Größe in Gewichtseinheiten (Kilogramm oder Tonnen) dar, während die Serviceeinheit zu definieren ist: Im Falle von Mobilität besteht sie wie eben gesehen in geleisteten (bzw. leistbaren) Personen- oder Frachtkilometern. Der materielle Fußabdruck gibt also für Autos, Fahrräder, Rollschuhe oder Flugzeuge den Naturverbrauch pro zurückgelegtem Personen- oder Frachtkilometer an. Auf diese Weise kann man die ökologische Qualität verschiedener Transportmittel unmittelbar miteinander vergleichen, wenn man die tatsächliche Kapazitätsauslastung berücksichtigt: Drei voll besetzte Kleinbusse transportieren weit ökologischer als eine S-Bahn mit 15 Passagieren. Verkehrsbetriebe kennen die Auslastungsquoten ihrer Fahrzeuge für bestimmte Strecken und Uhrzeiten und können mit verschieden großen Fahrzeugen reagieren. In Nizza zum Beispiel kann die fast lautlos verkehrende Straßenbahn problemlos vergrößert und verkleinert werden.

Service, Dienstleistungen und Nutzen sind im Modell des materiellen Fußabdrucks ein und dasselbe.

Es gibt in unserer modernen Gesellschaft keinen Nutzen, keine Dienstleistung ohne den Einsatz von Energie und die Nutzung von Dienstleistungserfüllungsmaschinen. Auch die Großmutter, die dem Enkel aus einem Buch vorliest, ist auf die Heizungsanlage, das Dach über dem Kopf, das Licht, das Buch und vieles andere angewiesen.

Nutzen statt besitzen

Wenn wir Produkte, Gebäude, Materialien, Anlagen und Infrastrukturen nicht ausschließlich als Gegenstände, sondern vor allem unter dem Aspekt ihres Nutzens betrachten, vollziehen wir damit einen Wahrnehmungswandel. Dann nämlich ist es möglich, sie in Bezug auf Dienstleistungsvermögen und Ressourcenaufwand zu vergleichen und zwar ganz exakt. Wenn ein Designer oder Ingenieur sich daran macht, ein neues Produkt zu entwerfen, dann konzentriert er sich normalerweise auf die Verbesserung von Form, Farbe, Oberfläche und technischer Raffinesse eines bereits existierenden Produktes. Legt er jedoch zuerst den Nutzen fest, den seine Kreation leisten soll, dann hat er alle Freiheiten, den Weg dahin frei zu wählen. Er kann zum Beispiel die Funktion einer Waschmaschine durch das Design von Wäsche mit Lotusoberfläche ersetzen. Arbeitet er unter der Maxime, eine möglichst umweltfreundliche Lösung zu finden, dann wird er die Alternative mit dem geringsten materiellen Fußabdruck und ohne Verwendung gefährlicher Stoffe wählen.

Unter verschiedenen Produkten, die ihrer Funktion nach vergleichbar sind, können wir dank des Preises dasjenige herausfiltern, welches diese Aufgabe für uns am günstigsten erfüllt. Wenn wir über entsprechende Informationen verfügen, können wir bei dieser Wahl außerdem berücksichtigen, welches Produkt am umweltfreundlichsten arbeitet und am umweltfreundlichsten hergestellt wurde, also einen möglichst kleinen materiellen Fußabdruck hinterlässt. Und genau dies wäre das bedeutsamere Entscheidungskriterium.

Um der Nachhaltigkeit zu dienen, müssen Dienstleistungserfüllungsmaschinen einerseits mit ressourceneffizienten Mitteln gestaltet, hergestellt und angeboten werden. Andererseits müssen sie unseren Wohlstand mit erhöhter Ressourcenproduktivität gewährleisten.

Das bedeutet, dass Maschinen so lange wie möglich genutzt werden müssen – erst dann sind sie ökologisch optimal pro-produktiv.

Nehmen wir als Beispiel die Funktion »Rasenpflege«.

Zur Pflege des Rasens kann man sich einen Rasenmäher kaufen und dafür mehr oder weniger Geld ausgeben, je nachdem, ob er von einem Elektro-, einem Benzinmotor oder von menschlicher Muskelkraft angetrieben wird. Statt ein solches Gerät zu kaufen, kann man aber auch einen Gartenpflegebetrieb beauftragen, den Rasen zehnmal pro Jahr zu schneiden. Der Gärtner bringt dann das Firmengerät mit, dessen Nutzung im Preis inbegriffen ist. Eine dritte Möglichkeit ist, sich mit Nachbarn zusammenzutun und ein »Rasenmäher-Sharing« zu betreiben, sich also ein Gerät zu teilen.

Eine vierte Möglichkeit wäre ein Mähroboter. Mähroboter sind leichter und deutlich schwächer motorisiert als die üblichen Rasenmäher, möglicherweise aber häufiger im Einsatz und für »unenglische« Rasen unbrauchbar. Ein Rebound-Effekt ist hier also durchaus möglich, indem eine effizientere Technik häufiger als traditionelle Geräte genutzt wird und dadurch Einspareffekte aufgefressen werden. Was Sie wissen sollten: Mähroboter können für Igel lebensgefährlich werden.

Schließlich gibt es als fünfte Möglichkeit die sogenannte »Nulloption«, nämlich das Gras mitsamt der sich einstellenden Blumenpracht einfach wachsen zu lassen und es allenfalls zweimal – im Spätsommer und im Spätherbst – mit der Sense zu schneiden.

Die Möglichkeiten 1, 2, 3 und 5 zur Erfüllung der Funktion »Rasenpflege« sind, gemessen am Verbrauch von natürlichen Ressourcen, völlig unterschiedlich zu bewerten. Die erste Möglichkeit ist die nach wie vor verbreitetste und die mit dem bei Weitem höchsten Ressourcenverbrauch. Bei der zweiten Möglichkeit wird das Gerät durch den Gartenpflegebetrieb intensiv genutzt, seine »Nutzungsintensität« ist vergleichsweise hoch. Daran ändert auch die Tatsache nichts, dass solche Profigeräte im Allgemeinen stabiler und schwerer gebaut sind und deshalb mehr Material enthalten. Dafür leben sie länger und können während ihrer Lebenszeit sehr viel mehr Leistung erbringen als ein Hausgerät, das die meiste Zeit vor sich hin rostet. Der Materialeinsatz pro Quadratmeter geschnittenen Rasens ist bei einer angenommenen Lebensdauer des Geräts von zehn Jahren etwa 20 bis 30 Mal geringer als im ersten Fall.

Bei der dritten Möglichkeit, dem Rasenmäher-Sharing, ist, wenn sich fünf Familien ein Gerät teilen, der Materialeinsatz pro Quadratmeter geschnittenen Rasens im Vergleich zur ersten Möglichkeit etwa fünf Mal geringer; die tatsächliche Zahl liegt unter fünf, da durch die häufigere Nutzung zusätzlich Treibstoff oder Strom verbraucht wird.

kaufen. kaufen. kaufen.

01

HÖCHSTER RESSOURCENVERBRAUCH

vom Profi **02**

20 - 30 × WENIGER

sharing **03**

5 × WENIGER

04

Mähroboter

REBOUND

05

Nulloption

250 × WENIGER

Wichtig ist, auf welche Weise der Materialaufwand bei gleichem Nutzen gesenkt wird. Bei der zweiten und dritten Variante wird die Nutzung der eingesetzten Ressourcen (die Ressourcenproduktivität) dadurch verbessert, dass das Gerät besser genutzt, also seine Nutzungsintensität mittels organisatorischer Maßnahmen erhöht wird. Dagegen liegt die fünfte Lösung auf einer anderen Ebene. Diese fünfte Möglichkeit nannten wir die Nulloption. In ihrem Fall verbessert sich die Ressourcenproduktivität durch eine persönliche Entscheidung für ein verändertes Verhalten. Die Materialintensität pro Quadratmeter geschnittenen Grases ist (wenn die Sense etwa hundert Jahre hält) gegenüber dem eigenen Rasenmäher um rund ein 250-faches geringer!

Natürlich setzt dies auch eine andere Betrachtungsweise voraus: Wer einen englischen Rasen als »Muss« ansieht – vielleicht gar nicht einmal, weil er ihn schöner findet als eine bunte Blumenwiese, sondern weil er glaubt, damit sein Ansehen bei den Nachbarn pflegen zu können – der wird sich kaum eine Blumenwiese leisten (er wird wohl eher zum Roboter greifen). Und Eltern von kleinen Kindern mögen eine solche Wiese als schlechten Spielplatz empfinden, denn das hochwachsende Grün erholt sich von den Spuren des Spiels wesentlich schlechter als ein kurz gehaltener Rasen. Unabhängig davon zeichnet sich die Nulloption immer durch eine äußerst hohe Ressourcenproduktivität und finanzielle Einsparungen aus. Und das ist nicht ihre einzige positive Eigenschaft. Hinzu kommt in unserem Fall ist es außerdem die Erhaltung der Artenvielfalt von Blumen, Schmetterlingen und Insekten.

An den Beispielen von Auto und Rasenmäher zeigt sich, dass sich die Produktivität, mit der wir Ressourcen nutzen, durch die Art und Weise, wie wir Produkte nutzen, mühelos um ein Zigfaches verbessern lässt.

fünf.

Anders gesagt: Wer möglichst viele Dinge – von der Bohrmaschine bis zum Auto – nutzt, ohne sie zu besitzen, zum Beispiel durch Maschinenverleih in Baumärkten, speziellen Verleihfirmen oder Bildung lokaler Nutzungsgemeinschaften, verbessert die Ressourcenproduktivität deutlich. Kurzum: teilen, leasen, mieten, kann erheblich zur Einsparung von Ressourcen beitragen.

sechs.

Du sollst um den Faktor 10 reduzieren.

Denn nur wenn jeder seinen Ressourcenverbrauch spürbar – und messbar – reduziert, haben wir Aussicht auf eine nachhaltige Zukunft.

Dematerialisierungsziel: Faktor 10

Technik ganz ohne Materie ist ein Traum, zumindest bis heute. Aber genügt es, unter vorhandenen Angeboten auf dem Markt jeweils das mit dem kleinsten materiellen Fußabdruck auszuwählen? Oder muss mehr getan werden, um die Ökosphäre in ein verlässliches Gleichgewicht zurückzuführen?

An dieser Stelle ist es notwendig, die Ebene des individuellen Konsumverhaltens und Ressourcenverbrauchs zu verlassen. Schon am Beispiel elektronischer Geräte und anderer Produkte wurde deutlich, dass der Konsument allein nur begrenzte Möglichkeiten hat, auf den Ressourcenverbrauch Einfluss zu nehmen. Oft wissen wir weder, wie viele Ressourcen in der Produktion stecken, noch haben wir darauf Einfluss. Wer nicht gerade ein Fairphone gekauft hat, der kann oftmals nicht anders, als sein kaputtes Telefon durch ein neues zu ersetzen.

Nachhaltigkeit kann nur dann erreicht werden, wenn sich alle richtig verhalten. Wenn mein Nachbar wegen Raserei jeden Monat sein Auto zu Schrott fährt, hilft es wenig, dass ich Fahrrad fahre. Die Indonesier müssten alle Autos und Motorräder stehen lassen, um die Menge an CO_2 auszugleichen, die sie durch Abfackeln ihrer Wälder zugunsten der Palmölproduktion produzieren. So oder so, die Waldmenschen (Orang-Utan auf Indonesisch) sind not amused!

»Was nutzt es, wenn ich Abfall trenne, wenn mein Nachbar es nicht tut?«, sagt der Einzelne, »Was nutzt die deutsche Energiewende, wenn in Polen umso mehr Kohlestrom erzeugt wird oder die Amis ihre Erdgasproduktion mit Fracking hochfahren?«, sagen Gegner der gegenwärtigen Politik.

Die Einsicht, dass wir im Hinblick auf ökologische Katastrophen weltweit aufeinander angewiesen sind, hat dazu geführt, dass es seit der Gründung der Weltklimakonferenz 1992 ernst gemeinte Anstrengungen zu einer Umweltpolitik gibt, in die praktisch alle Staaten der Welt einbezogen sind. Das ist die gute Nachricht.

Die schlechte ist: Das 2-Grad-Ziel der Weltklimakonferenz ist nur ein Ziel auf dem Weg zur ökologischen Nachhaltigkeit der Weltwirtschaft. Radikale Reduzierung der Vernutzung der natürlichen Ressourcen Wasser, Boden und Material generell, einschließlich des für die Erzeugung technischer Energie genutzten, wäre das umfassende Ziel. Mit anderen Worten: die Ressourcenwende schlösse die Energiewende mit ein. Nur ist die Ressourcenwende noch nicht auf dem politischen Radar.

Um Ziele zu erreichen, brauchen wir zumindest einen verlässlichen, messbaren und richtungssicheren Indikator, damit wir keine Fehler machen. Erfolgreiches Management ohne Ziel und Indikator ist nicht möglich. Faktor 10 und der materielle Fußabdruck können das.

Das merkwürdige Spiel mit dem Klimawandel

Politik und Medien haben den Klimawandel zum einzig wichtigen aller Umweltprobleme hochgeredet. Sie tun so, als betrieben sie nachhaltigen Umweltschutz, wenn sie nur den Klimawandel in den Griff bekämen und eine zu starke globale Erwärmung verhindern könnten. Bei der UN-Klimakonferenz im Dezember 2015 in Paris hat sich die Welt für ein Abkommen gefeiert, mit dem dieses Ziel erreicht werden soll. Es wird so getan, als gebe es keine anderen ernst zu nehmenden Gefahren für die Umwelt.

Natürlich stellt der Klimawandel eine große Bedrohung dar, der schnellstmöglich und mit allen sinnvollen und bezahlbaren Mitteln begegnet werden muss. Natürlich ist es gut, dass wenigstens dieses Umweltthema inzwischen eine politische Lobby hat.

Dennoch ist es ein bisschen so, als würde man nur einen von fünf Tumoren behandeln und die anderen vier munter wachsen lassen.

Das medienwirksame Theater um den Klimawandel verstellt die Sicht auf andere Umweltprobleme.

Seit Jahren fordere ich, die Energiewende in die ohnehin notwendige Entkoppelung der Wirtschaft vom Ressourcenmissbrauch einzubeziehen. Bisher hört niemand zu. Eine auf radikale Einsparung von natürlichen Ressourcen ausgerichtete Ressourcenwende kann den gesamten Verbrauch technischer Energie an sich schon um 20 Prozent und vielleicht viel mehr reduzieren. Und sie wird aber mit Sicherheit dafür sorgen, dass keine falschen Technologien vorangetrieben werden, wie zum Beispiel der Hybridantrieb, bei dem zwei Antriebsaggregate für nur einen Nutzen eingebaut sind – was den Materialverbrauch stark erhöht.

Die doppelte Verengung des Fokus

Die Politik hat gewählt, was »gefühlt« gerade jetzt am wichtigsten ist. Und sie richtet ihre Anstrengungen seitdem nahezu ausschließlich auf den Klimaschutz. Als wäre das nicht kurzsichtig genug, kommt es in der Folge zu weiteren Verengungen: Als Hauptverursacher des Klimawandels gelten in erster Linie der Ausstoß von Kohlenstoffdioxid (CO_2) bei der Stromproduktion und bei der Nutzung von Automobilen. Aber auch das ist falsch, denn die Entnahme, Bewegung und Verarbeitung von Ressourcen jeglicher Art trägt insgesamt bedeutend stärker zur Erhöhung von Emissionen klimawirksamer Gase bei – sei es durch den Einsatz von Düngemitteln, durch die Rindfleischproduktion, durch Brandrodungen, durch das Ausgasen von Böden beim Auftauen von Permafrost oder Schwelbrände in kohlenstoffreichen Böden, die mengenmäßig erheblich an Emissionen von klimawirksamen Gasen aus der Technosphäre beteiligt sind.

Wie bereits angedeutet: einer der größten CO_2-Emittenten ist Indonesien. Und zwar nicht deshalb, weil es die meisten Autos oder Kohlekraftwerke hat, sondern weil das Land für die Palmölproduktion massenhaft tropische Wälder abgefackelt.[22]

Falsch ist schon die Annahme, CO_2-Emissionen seien die einzig wesentlichen menschengemachten Verursacher des Klimawandels. Denn es gibt andere klimawirksame Emissionen wie zum Beispiel N_2O (Distickstoffmonoxid, »Lachgas«), das durch die Verwendung von chemischen Düngern entsteht. Oder Methan, das von Kühen und aus modernem Reisanbau stammt. Umgekehrt ist der Klimawandel nicht die einzige Folge von erhöhten CO_2-Konzentrationen in der Atmosphäre. Selbst bei den relativ gut erforschten Emissionen, von CO_2, aber auch SO_2 (Schwefeldioxid), können wir längst nicht alle potenziell möglichen Einwirkungen auf die Ökosphäre einschätzen. Für Hunderttausende anderer Emissionen und Einleitungen in die Atmosphäre können wir es erst recht nicht.

Wenn Technik mit noch mehr Technik »umweltfreundlicher« gemacht wird, geschieht das meist auf Kosten der Umwelt.

Das ist – leider – das wahre Gesicht vieler »grüner« Produkte: Sie schaden der Umwelt, anstatt ihr zu nutzen. Man spricht in diesem Zusammenhang auch vom Greenwashing: Manche Akteure versuchen, sich durch scheinbar der Umwelt dienende Maßnahmen ein reines ökologisches Gewissen zu verschaffen. Insbesondere manchen Unternehmen geht es dabei eher um das Image und den Gewinn als um das Gewissen.

Wieder einmal ist die Frage, wie Nutzen ökologisch geschaffen werden kann. Lange wurde von »clean Technology« geredet. Man baut einen Katalysator ins Auto, und schon ist das Fahrzeug ökologisch gut, weil er Abgase »sauber« macht. Dass der ökologische Rucksack des Katalysators über 2 Tonnen wiegt, spielt dabei für die Erfinder dieser Strategie offenbar keine Rolle.

Wann immer eine Technik aus ökologischen Gründen verbessert werden muss, dann sollte man als zuallererst den Nutzen dieser Technik definieren. Und dann nach der im dritten Gebot (»Du sollst auf den ökologischen Rucksack achten«) beschriebenen Strategie der Ökoinnovation vorgehen.

Der ökologische Imperativ heißt: Generiere Nutzen immer mit dem kleinstmöglichen materiellen Fußabdruck.

Ressourcenwende: Das Ziel heißt Faktor 10.

Was zu tun ist, hängt davon ab, wohin man will oder muss. Wenn Nachhaltigkeit nur durch eine Verringerung unseres Ressourcenverbrauchs erreicht werden kann, dann müssen wir definieren, was nachhaltige Ressourcennutzung bedeutet. Und wie weit wir davon entfernt sind.

Abschätzungen, die seit Beginn der 1990er-Jahre vorgenommen wurden, stimmen in einem Punkt überein: Sie legen nahe, dass westliche Industrienationen ihre Wirtschaft im Schnitt um das etwa Zehnfache – den Faktor 10 – verschlanken müssten, um die Ökosphäre nachhaltig zu stabilisieren. Das war zunächst nicht mehr als eine plausible Annahme – mehr nicht, aber auch nicht weniger. Seither deuten wissenschaftlich präzisere Abschätzungen im Bereich des Klimawandels darauf hin, dass der Faktor 10 in etwa richtig ist.[23]

Auch der 1994 gegründete International Factor 10 Club er-rechnete 2010 dieses Ziel, das er programmatisch in seinen Namen übernommen hat. Diese Arbeitsgruppe, ein kleiner Kreis von Wissenschaftlern, Politikern und Industriemana-gern aus aller Welt, orientiert sich bei dieser Berechnung an den natürlichen Stoffströmen. Das sind Materialbewegun-gen, die die Natur selbst durch Erosion, Wasser, Wind, Vulkan-ausbrüche und viele andere natürliche Prozesse vornimmt. Die Menge der auf diese Weise bewegten Materialien schätzt die Arbeitsgruppe auf 50 Milliarden Tonnen im Jahr. Da diese 50 Milliarden Tonnen natürlichen Ursprungs sind, wird die Erde es ökologisch sicherlich verkraften, wenn der Mensch zusätzlich einige Milliarden Tonnen bewegt.

Erreichen menschlich verursachte Stoffströme aber die Grö-ßenordnung der natürlichen, dann – spätestens dann – hat das Handeln des Menschen auch Auswirkungen auf die für uns lebensnotwendigen Dienstleistungen der Natur.

Doch schon heute übersteigen die menschengemachten Stoffströme die natürlichen deutlich.

Wir bewegen auf dieser Erde weitaus mehr Materie als die
natürlichen Prozesse auf den Kontinenten.

Demnach wurden im Jahr 2008 fast 111 Milliarden Tonnen
Ressourcen weltweit aus natürlichen Lagerstätten extrahiert.
Wirtschaftlich genutzt wurden davon gut 68 Milliarden Ton-
nen, Mineralien, Metalle, fossile Energieträger, Biomasse.
Der Rest war Abraum und anderes Material, das zwar bewegt
wird, aber nicht in Produkte oder Nutzen eingeht.[24]

Nach dieser Berechnung erscheint es notwendig, den Zugriff auf natürliche Ressourcen weltweit mindestens zu halbieren, also um den Faktor 2 zu verringern. Damit setzen wir die Obergrenze für menschengemachte Stoffströme auf ungefähr die gleiche Menge fest, die von der Natur auf den Kontinenten selbst bewegt wird.

Da in den ärmeren Ländern der Welt weitaus weniger Ressourcen pro Kopf verbraucht werden als in den reichen Industrienationen, gilt der Faktor 10 als Ziel nur für letztere. Dies würde es den ärmeren Ländern erlauben, ihren Verbrauch an Ressourcen pro Kopf zu steigern, um ihren Lebensstandard zu verbessern. Das weltweite Ziel einer dematerialisierten Wirtschaft, das heißt, einer Wirtschaft, die mit deutlich weniger Ressourcen auskommt, ist mit dem Ziel einer nachhaltigen Entwicklung vereinbar.

111 000 000 000
EXTRAKTION DURCH DEN MENSCHEN PRO JAHR

50 000 000 000
MATERIALBEWEGUNG DURCH NATÜRLICHE PROZESSE

Der Faktor 10 als Ziel für eine nachhaltige Wirtschaft

Die Berechnungen der ökologischen Rucksäcke und der materiellen Fußabdrücke unserer Produkte haben gezeigt, dass der Materialaufwand bei den meisten Gütern extrem hoch ist.

Bis zu 99 Prozent des verbrauchten Materials werden nach der Fertigung eines Produkts gar nicht genutzt. Daher muss die Verschlankung der Produktion keineswegs mit einem Verlust an Qualität einhergehen.

Bis heute besteht die Hauptursache für den gigantischen Materialverbrauch in einem mangelnden Interesse der Wirtschaft, an Natur zu sparen. Andererseits belegen inzwischen zahlreiche Erfahrungen, die in vielen Projekten mit kleinen und mittleren Betrieben in Deutschland, Österreich, Finnland, Schweden, der Schweiz und Japan gesammelt wurden, dass das Ziel einer weltweiten Dematerialisierung der Wirtschaft um den Faktor 10 bis zum Jahr 2050 technisch erreichbar ist. Sofern Anreize hierfür geschaffen werden.

Eine Möglichkeit der Dematerialisierung besteht im Recycling von Rohstoffen: Rezyklierte Metalle weisen meist wesentlich kleinere materielle Fußabdrücke auf als neu gewonnene. Denn der Abbau von Ressourcen ist oft kostenintensiver als die Wiedergewinnung der Metalle aus Abfällen. Umfassendes Recycling scheitert jedoch oft am weitverzweigten Einsatz von Materialien in der Wirtschaft, am Transport und am Aufwand für die Trennung der Materialien.

Doch es gilt: Wer am Eingang der Wohlstandsmaschinerie weniger natürliche Ressourcen hineingibt, hat an ihrem Ausgang auch weniger Probleme.

Eine zweite Möglichkeit besteht wie wir gesehen haben, darin, den Nutzen eines Produkts zu erhöhen. Etwa, indem man es so gestaltet, dass es länger hält und gegebenenfalls repariert werden kann. So kann mit weniger Material mehr Nutzen erzeugt und der durch Technik gewährleistete Wohlstand effizienter gestaltet werden. Eine solche Dematerialisierung ist technisch möglich und ökologisch sinnvoll. Und sie ist ökonomisch günstiger als der teure, nachsorgende »Luxus-Umweltschutz« westlicher Industrienationen.

Zum Dritten lohnt es sich zu überlegen, an welcher Stelle einer Produktionskette Innovationen sinnvoll sind. Einige technische Neuerungen haben einen deutlich höheren »Mehrwert« als andere. Das gilt vor allem für die Erzeugung von technischer Energie: Wenn es gelingt, den Ressourceneinsatz für Energie generell, aber insbesondere für Strom aus Fotovoltaikanlagen drastisch zu minimieren, dann verringern sich dadurch auch die ökologischen Rucksäcke aller Produkte, die mithilfe dieser Energie erzeugt werden. Insbesondere von Solarenergie.

Würden wir die Möglichkeiten der Dematerialisierung zum wichtigsten Kriterium jeder Innovation machen, würden wir also jedes Mal fragen, ob und in welchem Umfang durch eine Neuerfindung Ressourcen eingespart werden können, kämen wir dem Ziel »Faktor 10« schon einen gewaltigen Schritt näher.

Vorsorge statt Nachsorge

Die Dematerialisierung, basierend auf der Erfassung von ökologischen Rucksäcken und materiellen Fußabdrücken, setzt
den Hebel an einer entscheidenden Stelle an. Anstatt umweltbelastende Technik durch zusätzliche umweltbelastende Technik zu entschärfen, setzt sie auf die Reduktion des umweltbe-
lastenden Materialverbrauchs, der in der Technik steckt.

Wie einfach dieses Prinzip sein kann, zeigt ein Vergleich:
Ein mittelständischer Betrieb, der bei der Produktion seiner
Waren weniger Material einsetzt, spart fast immer Geld. Die
Rechnungen für Wasser, Strom, für eingekaufte Rohmaterialien sinken. Umgekehrt investiert ein Unternehmen wie
BMW Millionen in ein neues Elektroauto, das zudem auch
Tonnen neuen Materials verbraucht. Umso schlimmer; dass
die Regierung dem Käufer Prämien verspricht, damit er sich
auf eine derart teure Investition in die Umwelt einlässt! Denn
am Ende steht ein Produkt, das zwar bei der Fahrt durch
München oder Berlin weniger CO_2 in den Himmel bläst,
dessen Produktion aber viele Ressourcen und viel Geld ver-
schlungen hat.

Wenn man den Ressourcenverbrauch über die gesamte Produktionskette analysiert und dann überall gleichermaßen zu sparen beginnt, wird ein sehr großer Teil der durch ein Produkt verursachten Umweltprobleme von vornherein vermieden.

Dies geschieht zum Beispiel, indem bei der Produktion weniger Wasser verwendet, weniger technische Energie eingesetzt und weniger Material (Holz, seltene Erden, Metalle etc.) verbraucht wird. Weitere Einsparungen von Ressaucen sind möglich, wenn das Produkt nicht einmal quer durch Europa oder um die ganze Welt transportiert, sondern vor Ort auf den Markt gebracht wird.

Der große Vorteil dieses Konzepts ist, dass es nicht am »Ausgang«, sondern am »Eingang« ansetzt. Anstelle des nachsorgenden Umweltschutzes, der immer erst dann aktiv wird, wenn das Problem bereits entstanden ist, stellt die Dematerialisierung eine Form der Vorsorge dar. Je weniger Ressourcen überhaupt verbraucht werden, desto weniger Probleme entstehen, auf die man dann nachträglich reagieren muss. Autos mit nur noch halb so großen ökologischen Rucksack zu produzieren, würde die schädlichen Auswirkungen auf die Umwelt mit einem Schlag um ein Vielfaches stärker verringern, als dies der Katalysator oder eine Senkung des Treibstoffverbrauchs je zu leisten vermögen.

Denn es gilt: Jede Dematerialisierung einzelner Güter zieht immer größer werdende Wellen von weiteren Dematerialisierungen nach sich.

Zum Beispiel würde eine umfassende materielle Verschlankung von Gütern und Fahrzeugen sowohl den Bedarf an Verkehrswegen als auch die Belastungen (Zerstörung) vorhandener Straßen und des Transportvolumens insgesamt reduzieren. Das wiederum kann sich positiv, was sich auch auf den Finanzierungs- und den künftigen Flächenbedarf von Verkehrswegen (Straßen, Parkplätze, Tank- und Reparaturstellen) auswirken. Vor allem aber führt eine generelle Dematerialisierung in jedem Fall dazu, dass der technische Energiebedarf sinkt – damit sinkt auch unsere Abhängigkeit von fossilen Brennstoffen und anderen Rohstoffen.

sieben.

DAS SIEBTE GEBOT.

Du sollst Abfall und Emissionen vermeiden.

Denn nur wenn jeder bei sich zu Hause anfängt, seinen Ressourcenverbrauch spürbar zu reduzieren, haben wir Aussicht auf eine nachhaltige Zukunft.

Fünf bis sieben Tonnen Ressourcen pro Person, weltweit

Aus dem Jahr 2008 liegen für viele Länder der Welt Zahlen darüber vor, wie viele Ressourcen extrahiert und wie viele zusätzlich importiert werden.[25] Diese Zahlen zeigen, dass der Verbrauch von natürlichen Ressourcen auf der Welt sehr ungleich verteilt ist. Ein Nordamerikaner vernutzt 2008 rund 75,3 kg wirtschaftlich genutzte Materialien am Tag (ohne Abraum), ein Einwohner Ozeaniens und Australiens 98 kg, ein Europäer 40,2 kg, ein Lateinamerikaner 36,4, ein Asiate 23,8 und ein Afrikaner 14,5 kg. Der Verbrauch unterscheidet sich in den Regionen der Welt beinahe um den Faktor 7! Der Weltdurchschnitt lag 2008 bei 27,9 kg pro Kopf am Tag. Die Deutschen erreichten mit 40,5 kg pro Kopf fast genau den europäischen Durchschnittswert.

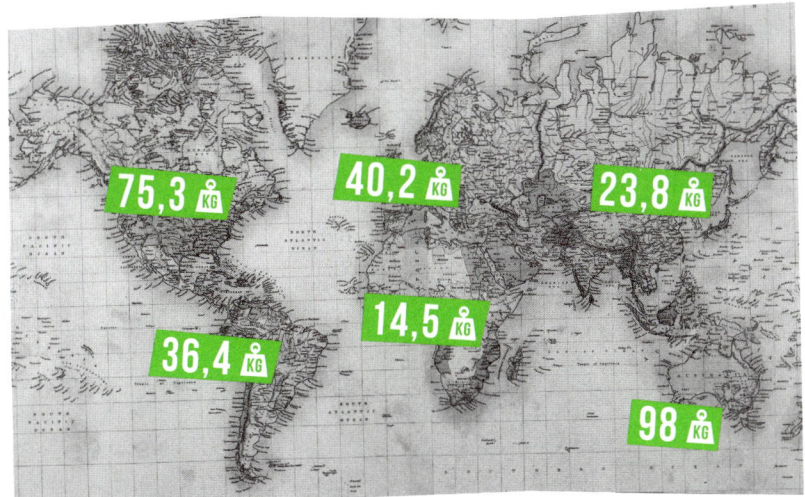

Gehen wir davon aus, dass eine Höchstmenge von 50 Milliarden Tonnen Naturverbrauch ein vertretbares Niveau für eine nachhaltige Zukunft darstellt. Teilen wir diese Höchstmenge von 50 Milliarden Tonnen unter sieben Milliarden Menschen auf. Nach dieser Rechnung hätte jeder Mensch Anspruch auf einen Verbrauch von 7,1 Tonnen Ressourcen im Jahr – in diesem Fall allerdings einschließlich Abraum und anderer Materialien, die nicht wirtschaftlich genutzt werden, sondern auf den verschiedenen Stufen der Extraktion und Verarbeitung anfallen. Fossile Brennstoffe sind in den 7 Jahrestonnen enthalten.

Da wir uns hier auf dem Feld von Abschätzungen befinden, wird der Wert in der Literatur häufig auf acht Tonnen inklusive Abraum und Wasser gerundet. Das sind rund 22 kg pro Kopf am Tag. Außerdem schließt die Forderung zwei Tonnen CO_2 mit ein, in Kohlenstoff gerechnet also etwa 600 kg jährlich.

Wohlgemerkt: Die 75 oder gar 98 kg pro Tag, die ein Nordamerikaner und ein Australier in Anspruch nehmen, enthalten noch nicht die ungenutzten, aber dennoch verbrachten und extrahierten Ressourcen, wie etwa den Abraum. Für die reichen Staaten in Amerika, Ozeanien und Europa bedeutet das: Die tatsächlich in Anspruch genommenen Rohstoffmengen pro Kopf liegen beträchtlich über den 22 kg am Tag oder acht Tonnen im Jahr, die rechnerisch jedem Menschen »zustehen«.

Wächst die Erdbevölkerung weiter, was zu erwarten ist, dann muss dieses Budget pro Kopf entsprechend verringert werden. Weltweit wird heute damit gerechnet, dass bis zur Mitte des 21. Jahrhunderts der jährliche Pro-Kopf-Verbrauch von Material 5–7 Tonnen nicht überschreiten sollte. Anders formuliert:

Die meisten Industrienationen müssen ihren Verbrauch um etwa den Faktor 10 reduzieren. Und dies gilt für alle fünf Kategorien: abiotische und biotische Stoffe, Bodenbewegungen, Wasser und Luft.

Die Industrieländer müssen ihren Ressourcenverbrauch drastisch senken. Das bedeutet jedoch nicht, dass wir auch unseren Lebensstandard aufgeben müssen. Fangen wir an, bewusste Entscheidungen zu treffen!

Wenn wir das Ziel von acht Tonnen pro Person und Jahr erreichen wollen, müssen wir im Kleinen beginnen: bei den Haushalten!

In Zukunft: Haushalte mit Zukunft

Europäische Haushalte verbrauchen zu viel. Zumindest, wenn es um Ressourcen geht. Daher suchten finnische Wissenschaftler nach konkreten Ansätzen, um den materiellen Fußabdruck eines durchschnittlichen Haushalts um die Hälfte zu verkleinern. Für eine Studie setzten ausgewählte Teilnehmer die Vorschläge der Wissenschaftler um. Sie fuhren mit öffentlichen Verkehrsmitteln zur Arbeit oder kochten häufiger ohne Fleisch.

Das Resultat war verblüffend. Am Ende der vierwöchigen Studie hatten alle Haushalte ihren Fußabdruck nahezu halbiert. Außerdem hatten die Teilnehmer das Experiment nicht als Einschränkung erlebt, sondern häufig sogar als Verbesserung ihrer Lebensqualität. Beispielsweise hatten sie im Rahmen der Studie mehrfach einen Lieferdienst per Fahrrad genutzt, anstatt ihr Essen selber zu kochen. Dadurch hatten sie nicht nur Zeit und Arbeit gespart, sondern auch überraschend viele Ressourcen. Ihr Komfort hatte sich verbessert. Und das, obwohl sie ihr Verhalten zugunsten der Umwelt veränderten. Viele behielten auch nach Abschluss des Experiments die Umstellungen bei. Ein solches Ergebnis ist ermutigend.

Wir müssen nicht erst auf den Wirtschaftswandel warten, sondern wir können bei uns beginnen.

Natürlich kann kein Haushalt allein Faktor 10 erreichen. Aber schon relativ kleine Änderungen der Alltagsroutine reduzieren den eigenen Ressourcenverbrauch messbar.[26]

Es gibt viel zu tun, fangen wir an

Die finnische Studie zeigt, dass es sich lohnt, das eigene Konsumverhalten zu hinterfragen und die eigenen Routinen anzupassen. Schon mit wenigen Änderungen lässt sich bereits viel verbessern. Der erste Schritt auf dem Weg zu den 8 Tonnen Ressourcen pro Jahr besteht darin, Ressourceneffizienz zum Kriterium des eigenen Verhaltens zu machen. Dabei können bestimmte Überlegungen helfen:

Bedarf[27] hinterfragen: Brauche ich wirklich alles, was ich besitze oder kaufen möchte?

Alternativen prüfen: Gibt es Gegenstände, die ich gemeinschaftlich mit anderen nutzen kann? Kann ich beispielsweise auf Carsharing oder öffentliche Verkehrsmittel umsteigen? Kann ich Werkzeug mit Nachbarn teilen oder in einem entsprechenden Verleih mieten? Gibt es eine Leihbibliothek in der Umgebung? Auch Kleidungsstücke für besondere Anlässe (Anzug-/Kostümverleih), Kinderspielsachen (Ludothek) oder Kunst (Artothek) lassen sich leihen.

Für viele Alltagsverrichtungen kann man auf Services wie Wäschereien oder Lieferdienste für Lebensmittel zurückgreifen. Auch das spart Ressourcen, weil die zum Einsatz kommenden Geräte meist häufiger und intensiver genutzt werden.

Sollten doch gute Gründe für den Kauf eines Gegenstandes sprechen, schließen sich weitere Überlegungen an:

Waren vergleichen: Gibt es für den erwünschten Nutzen Gegenstände/Geräte mit vergleichsweise kleinem Materialinput? Kann ich mich für Dinge mit einem zeitlosen Design und langer Haltbarkeit entscheiden? Kann ich auf Recyclingprodukte oder gebrauchte Artikel zurückgreifen? Kann ich Verpackungsmaterial sparen und dadurch Müll vermeiden?

Nutzen vergrößern: An welchen Stellen kann ich meinen Verbrauch minimieren? Beispielsweise ist es aus dem Blickwinkel der Ressourceneffizienz wesentlich besser, Daten in elektronischer Form zu speichern. Es ist also nachhaltiger, Musik-Dateien herunterzuladen, Bücher auf einem E-Book-Reader zu lesen oder Fotos digital aufzubewahren, anstatt CDs, gedruckte Bücher oder Fotoalben zu kaufen.

Kann ich Produkte selbst instand halten? Lassen sich kaputte Dinge reparieren?

Entsorgung planen: Kann ich Dinge nach dem Gebrauch recyceln oder weitergeben? Kleider, die nicht mehr passen oder gefallen, können beispielsweise in Secondhandläden oder auf Onlineplattformen angeboten werden. Und der Eierverkäufer auf dem Markt freut sich meist, wenn er seine Kartons zurückerhält.

Auch die Größe und Bauweise Ihres Wohnraumes ist für Ihre

persönliche Ressourcenvernutzung von entscheidender Bedeutung. Die Größe sollte Ihrem aktuellen Bedarf angemessen sein. Das gilt für jede Wohnung. Aber auch die bauliche Erneuerung und Anpassung von existierendem Wohnraum an den veränderten Bedarf (Größe, Aufteilung, Ausstattung) kann sehr ressourcenintensiv sein.[28]

Dank des materiellen Fußabdrucks kann der Effekt veränderter Routinen leicht gemessen werden. Dadurch dient dieses Konzept als Wegweiser dafür, welche Verhaltensweisen sinnvoll sind und an welchen Stellen Gewohnheiten überdacht werden sollten. Leider gibt es aus Deutschland bisher keine Studien, die das Konsumverhalten des Einzelnen und die Wirkung von Einsparungen im Haushalt systematisch untersuchen.[29] Sicher ist:

Das Ziel Faktor 10 ist allein durch Verhaltensänderungen im Privaten nicht zu erreichen. Denn Ressourcen werden nun mal vor allem in der Produktion verbraucht.

Dennoch zeigen die Arbeiten aus Finnland, dass der Einzelne überraschend viel zu einer spürbaren Verbesserung beitragen kann.

Mit gutem Beispiel voran: Einkaufen ohne Ver- packung

Oft können Ressourcen im Alltag leichter eingespart werden, als es auf den ersten Blick scheint. In Berlin-Kreuzberg können Kunden beispielsweise Lebensmittel und Hygieneartikel ohne Verpackung einkaufen. Dazu bringen sie Behältnisse von zu Hause mit und füllen sich Nüsse und Nudeln, Erbsen und Essig, Waschmittel oder Wodka selber ab. Das ist nicht immer einfach. Wie lässt sich zum Beispiel Schokolade ohne Papier transportieren? Wie Zahnpasta abfüllen? Um solche Probleme zu lösen, sind manchmal ungewohnte Wege zu gehen. Im verpackungsfreien Supermarkt erhält man die Zahnpasta in Form von Tabletten, die sich im Mund auflösen und zu schäumen beginnen. Schokolade gibt es in Form von Pastillen.

Das erfordert ein Umdenken beim Einkauf. Aber die Kunden stört das offenbar nicht. Der Laden schrieb schon nach einem halben Jahr schwarze Zahlen. Inzwischen sind 60 Prozent der Kundschaft Stammkunden.[30] Auch in anderen Städten und Ländern gibt es mittlerweile ähnliche Konzepte.

Angesichts der rund 213 kg Verpackungsmüll, die ein Deutscher im Schnitt pro Jahr produziert, sind solche Geschäftsideen ein wichtiger Schritt in Richtung Müllvermeidung.[31] Zwischen 2003 und 2013 ist die jährliche Menge an Verpackungsmaterial um 1,6 Millionen Tonnen angestiegen, und der Müllberg wächst weiter. Schuld daran ist unser Konsumverhalten. Den größten Teil des Mülls machen Coffee-to-go-Becher aus sowie Pakete und Verpackungen, die im Internethandel zum Einsatz kommen.[32] Oft werden die Waren in normierten, viel zu großen Kartons versandt. Etwa eine von den 1,6 Millionen Tonnen Verpackungsmaterial entfällt auf Papier und Pappe.

Zwar führen die deutschen Verbraucher nicht nur die Negativstatistik der Abfallproduktion an, sondern sind auch Vorreiter bei der Wiederverwertung. Doch nur ein Teil des Materials kann tatsächlich aufbereitet werden. Und das kostet wiederum Energie und Ressourcen.

Langfristig kann die Lösung daher nur darin bestehen, auf zusätzliche Verpackungen zu verzichten. Und das lässt sich sogar bei einem Standardeinkauf berücksichtigen. Einige pfiffige Ideen illustrieren das.

Fliegender Teppich

Die Produkte, die in der Uusix-Werkstatt gefertigt werden, sind sehr leicht. Jedenfalls, wenn es um den ökologischen Rucksack geht. Denn hier werden alte Dinge neu aufbereitet. Besonders nachhaltig ist ein Teppich, der bei Uusix aus alter Krankenhausbettwäsche hergestellt wird. Der Stoff wird zerschnitten, neu eingefärbt und von Hand zu Flickenteppichen gewebt. Der ökologische Rucksack dieses Teppichs wiegt nur 1,5 kg – und damit weniger als das fertige Produkt. Dessen Eigengewicht beläuft sich nämlich auf 1,8 kg. Mit anderen Worten: Der Teppich hat einen negativen Rucksack.[33]

Idee: »Nachhaltiger Versandkarton«[34] von Jisu Hong

Der Onlinehandel boomt und verschlingt eine Unmenge an Umverpackungen aus Karton. Viele dieser Waren werden nach kurzer Nutzung weiterverkauft und erneut verschickt, zum Beispiel Kameraobjektive. Für jeden Besitzerwechsel wird eine neue Verpackung benötigt, die das wertvolle Objektiv ausreichend schützt. Der nachhaltige Versandkarton ist eine wiederverwendbare Versandbox, die sich an verschiedene Größen und Durchmesser von Objektiven anpasst. Der erste Käufer erhält die Transportbox beim Neukauf kostenlos und kann sie nutzen, wenn er das Objektiv weiterverkauft.

Idee: »recup«[35]

Heißgetränke ›to go‹ sind populär wie nie. Doch das damit einhergehende Müllproblem ist ungelöst – jährlich werden allein in Deutschland drei Milliarden der kaum wiederverwertbaren Becher weggeschmissen. Das entspricht ca. 64 000 Holz und 11 000 t Kunststoff. Das Dienstleistungskonzept ›recup‹ von Behin Minaei stellt eine Alternative zu konventionellen Heißgetränkebechern dar.

Anders als konventionelle Becher aus einem Pappe-Kunststoff-Verbundmaterial besteht ein recup-Becher aus expandiertem Polystyrol. Beim Verkauf wird ein Pfand von 0,50 € erhoben. Nach der Rückgabe sammelt recup die Becher ein. Mithilfe des sogenannten Creasolv-Prozesses des Fraunhofer-Instituts werden sie bereits bei der Abholung aufgelöst. Das Volumen reduziert sich dabei um den Faktor 50. Am Ende des Creasolv-Prozesses steht hochreines Polystyrolrecyklar, das ohne Qualitätsverlust zu neuen Bechern expandiert werden kann. Auch die im Creasolv-Prozess verwendeten Lösungen können wiederverwertet werden. Dadurch bildet recup einen praktisch vollständig geschlossenen Material-kreislauf und kann zur Vermeidung einer großen Menge Abfall beitragen. Auch pragmatische Gründe sprechen für den recup-Becher: Die gute Isolierwirkung hält den Inhalt länger warm. Die Außenseite des Bechers erhitzt sich weniger.

Vermeide die Verun- reinigung von Wasser

121 LITER

WASSERVERBRAUCH
PRO PERSON PRO TAG IN DEUTSCHLAND

Auch der Wasserverbrauch im Alltag ist extrem hoch. Im Schnitt verbraucht jeder Deutsche 121 Liter Leitungswasser am Tag: also Trinkwasser, für die Körperpflege, die Wäsche oder um Geschirr zu spülen.[36] Doch obgleich alles öffentlich verfügbare Leitungswasser Trinkwasser ist, wird nur ein vergleichsweise kleiner Teil tatsächlich als Lebensmittel konsumiert. Der weitaus größere Teil geht via Dusche, Toilette, Waschbecken oder Spül- und Waschmaschine direkt in den Abwasserkanal.

Das ist noch die gute Nachricht. Die schlechte ist, dass auch dieses Wasser denaturiert ist durch Putz- und Spülmittel, Chemikalien und vieles andere. Zwar wird in modernen Staaten ein großer Teil des Abwassers wiederaufbereitet. Doch genutztes Wasser kann nicht in seinen Naturzustand zurückversetzt werden. Schon die genaue Zusammensetzung von Spurenstoffen des aus der Natur entnommenen Wassers ist nicht bekannt. Außerdem wird Wasser praktisch ohne Ausnahme nicht dort gewonnen, wo es nach Nutzung in die Natur zurückgeführt wird. Auch dies bedeutet eine Änderung der Natur durch Technik. Zum Beispiel wird das Wasser des einst riesigen Colorado River in den USA, dem »Vater des Grand Canyon«, heute so intensiv für menschliche Bedürfnisse vernutzt, dass sein Flussbett an der Mündung ins Meer zumeist trocken liegt. Doch ohne das Wasser des Colorado River wäre zum Beispiel die Wüstenstadt Las Vegas nie entstanden.

Abwasserreinigung benötigt Material, Fläche und Energie und viel Geld. Daher lohnt es sich nicht nur aus Gründen der Nachhaltigkeit, Wasser zu sparen. Insbesondere beim Duschen und Baden, beim Abwasch oder beim Zähneputzen lässt sich der Verbrauch leicht reduzieren. Zum Beispiel, wenn der Hahn während des Einschäumens zugedreht wird oder man Geschirr nicht unter fließendem Wasser abspült.

Für alle Reinigungsaufgaben sollten außerdem die Verbrauchsangaben für die verwendeten Putzmittel so genau wie möglich eingehalten werden. So lässt sich die chemische Verschmutzung minimieren. Das gilt auch für den Dünger im Garten. Selbst in kleinen Mengen sind Reinigungsmittel und Dünger, die in den Wasserkreislauf gelangen, schädlich. Hauseigner können durch Ableitung von Regenwasser aus der Dachrinne zum Beispiel in alte Fässer Wasser »gewinnen«, um Pflanzen zu wässern oder Gartengeräte zu reinigen. Eine Regenwassernutzung lässt sich bereits bei Planung und Bau berücksichtigen.

Geschirrspülen im Singlehaushalt

Gerade in Singlehaushalten ist für eine Geschirrspülmaschine häufig kein Platz vorgesehen, und die Anschaffungskosten sind hoch. Manuelles Geschirrspülen verbraucht allerdings viel Wasser und Spülmittel und gilt allgemein als lästige Arbeit, die gerne aufgeschoben wird.

Die Industrie reinigt stark verschmutzte Objekte längst mit Ultraschall: Diese Technologie erschließt neue Möglichkeiten zur energie- und ressourcensparenden Geschirrreinigung.

Der »Ultraschall-Tauchschwinger« funktioniert das Spülbecken in der Küche kurzerhand zu einem Ultraschallbad um. Innerhalb weniger Minuten löst sich der Schmutz vom Geschirr. Das Gerät muss nicht aufwendig installiert werden. Das bestehende Spülbecken wird einfach temporär umfunktioniert.

Spare technische Energie

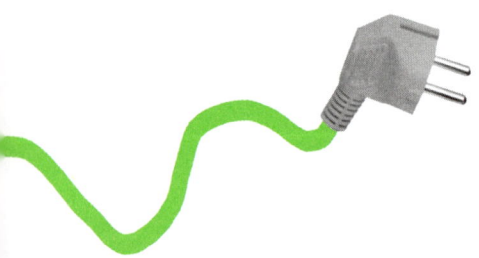

Ein drittes großes Feld, auf dem eine Menge Ressourcen gespart werden können, ist die Energieversorgung zu Hause. Das ist oft einfacher als gedacht. Schon wenn man beispielsweise die Heizung im Winter zwei Grad runterdreht und sich stattdessen etwas wärmer kleidet, lassen sich ca. 250 kg Ressourcen pro Kopf und Jahr einsparen.[37] Eine intelligente Heizungssteuerung, die über eine Nachtabsenkung verfügt oder nur bei Anwesenheit heizt, ermöglicht weitere Einsparungen.

Das führt zum Thema »Smart Home« und einer bedarfsgerechten Steuerung von Heizung und Licht. Und natürlich zum Bau von Niedrigenergiehäusern. Da sich das aber nicht alle leisten können oder wollen, ist die Lösung der Wahl, zu Ökostromanbietern zu wechseln. Statt des herkömmlichen Stroms aus Kernkraft oder fossilen Energieträgern bieten sie Strom aus erneuerbaren Energiequellen und nachwachsenden Rohstoffen an. Das ist ein guter Anfang.

Ein durchschnittlicher Dreipersonenhaushalt in Deutschland kann durch simple Maßnahmen pro Jahr bis zu 1100 Kilowattstunden Elektrizität sparen. Das senkt die Stromrechnung um rund 310 Euro senken und spart knapp 600 kg CO_2. Das geht aus dem sogenannten Stromspiegel hervor, den das Bundesumweltministerium und das Klimaschutznetzwerk co2online erstellt haben.[38]

Technische Energie

Alle Energie, die wir in der von uns Menschen geschaffenen Welt verbrauchen, stammt aus Rohstoffen oder aus der Nutzung natürlicher Energiequellen wie Wasserkraft, solare Strahlung, Wellen und Erdwärme. In allen Fällen werden technische Anlagen benötigt, um die gewünschte Energie zu gewinnen, umzuwandeln, zu transportieren und einzusetzen. Das bedeutet, dass alle Energie, die unsere gesamte Wirtschaft betreibt und die wir auch im Haushalt nutzen, den Verbrauch natürlicher Ressourcen erfordert. Ich nenne diese Energie technische Energie, weil sie ausschließlich mit technischen Mitteln gewonnen, transportiert und genutzt wird.

acht.

DAS ACHTE GEBOT.

Du sollst ökologisch essen.

Denn unsere maßlose Ernährungsweise ist für etwa ein Drittel unseres Ressourcenverbrauchs verantwortlich.

Ein Apfel ist ein Apfel ist ein Apfel?

Weit gefehlt. Nicht nur, wenn es um Form, Farbe oder Geschmack geht, unterscheiden sich die Früchte voneinander, sondern vor allem in Bezug auf ihren materiellen Fußabdruck. Der Apfel, den wir im Juni auf die Waage im Supermarkt legen, gibt sein tatsächliches Gewicht nicht preis. Er hat einen schweren Rucksack.

Die meisten Äpfel, die auf dem Kassenband landen, stammen von Apfelplantagen, auf denen häufig nur eine Sorte angebaut wird.[39] Das hat Folgen. Weil die positiven Synergieeffekte unterschiedlicher Pflanzenarten in solchen Monokulturen ausbleiben, sind diese besonders anfällig für Schädlinge oder Krankheiten. Und dadurch wird der Einsatz von Pestiziden nötig wird.

Für eine einzige Tomate aus Andalusien, die in einem deutschen Supermarkt angeboten wird, werden 30 Liter Wasser. Für eine Flasche Bier (0,33 l) sind es 125 kg Natur, und für ein durchschnittliches Rindersteak (200 g) 605 kg. Und außerdem ist das lebende Rind prominent am Klimawandel beteiligt. Es entspricht in etwa einem mittelgroßen Pkw.

Greenpeace gibt an, dass Äpfel die am intensivsten mit Pestiziden behandelten Kulturen in Deutschland sind. Im Durchschnitt, so Greenpeace, werden deutsche Apfelplantagen 21 Mal pro Jahr gespritzt.[40] All das fließt in den ökologischen Rucksack ein. Und das, bevor der Apfel überhaupt geerntet ist. Anschließend folgt der Transport, der abhängig vom Transportmittel und der Strecke ebenfalls sehr ressourcenintensiv sein kann. Grob geschätzt verdoppelt sich der ökologische Rucksack von Waren, die über 1000 km mit mittelgroßen Lkws transportiert werden. Das liegt nicht nur am Fahrzeug, sondern auch an der hierfür benötigten Infrastruktur.

Doch das größte Gewicht im Rucksack entsteht durch die Lagerung.

Damit das ganze Jahr über frische Äpfel geliefert werden können, müssen sie gekühlt werden – ein riesiger Posten in der Energiebilanz. Und außerdem einer, der Überraschungen birgt. Denn die Erntezeit für Äpfel beginnt in ganz Europa erst im Spätsommer. Früchte, die im Juni verkauft werden, lagen also bereits mehr als ein halbes Jahr lang in entsprechenden Kühlvorrichtungen. Oder sie wurden aus Neuseeland hergeschafft. Ökologisch ist das nicht das Schlechteste. Denn der für die Lagerung nötige Energieaufwand und der damit verbundene CO_2-Ausstoß sind so hoch, dass es mit Hinblick auf den Ressourcenverbrauch unter dem Strich bisweilen besser ist, tatsächlich um die halbe Welt frische Äpfel aus Neuseeland zu importieren.[41]

Doch zurück zum Supermarkt: Wenn wir den Apfel endlich in unsere Tüten packen, um ihn nach Hause zu tragen, ist sein ökologischer Rucksack noch immer nicht fertig gepackt. Aber erst jetzt können wir Einfluss darauf nehmen. Denn es spielt eine Rolle, ob wir unseren Einkauf zu Fuß, mit dem Fahrrad oder mit dem Auto erledigen. Und schließlich fällt ins Gewicht, ob wir den Apfel überhaupt essen – oder ob er wie so viele Lebensmittel am Ende in den Müll wandert.

Regional, saisonal & manchmal lokal

Aus dem Beispiel des Apfels lassen sich bereits einige Verhaltensregeln ableiten, die unsere Ernährung ökologisch nachhaltiger machen.

Die erste Regel heißt: regional

Lange bevor unsere Lebensmittel uns erreichen, haben sie bereits einen langen Weg hinter sich gebracht. Sie sind mit dem Schiff, mit dem Flugzeug, mit dem Lkw oder mit der Bahn gereist – oder mit allen zusammen. Diese teils komplexen Transportketten müssen berücksichtigt werden. Sie schlagen umso stärker zu Buche, je länger die Strecke ist, über die Lebensmittel befördert werden. Über den Daumen kann man in etwa davon ausgehen, dass sich der Rucksack beim Transport über 1000 km mit einem mittleren Lkw verdoppelt. Daher lohnt es sich, Lebensmittel aus der Region zu bevorzugen. Natürlich bekommt man in Hamburg keine Ananas und in Stockholm keine Kiwis aus der Umgebung. Aber sofern wir den Großteil unserer Lebensmittel regional beziehen, dürfen auch Südfrüchte weiterhin auf den Speiseplan – in Maßen.

Mundraub

Selbst im Spätsommer liegen im Supermarkt Äpfel aus Neuseeland, die unter großem Ressourcenaufwand hierher transportiert wurden, während frische Früchte unmittelbar in der
Nähe am Baum verfaulen. Dem begegnet die Webseite Mund-
raub.org mit einer verblüffend einfachen und guten Idee.
Mundraub stellt eine Karte zur Verfügung, auf der jeder Nut-
zer Bäume, Sträucher und Kräuter eintragen kann, die nicht
auf privatem Gelände stehen. Dazu gehören beispielsweise
Obstbäume, die an Weg- oder Feldrändern gepflanzt wurden,
um Erosion zu verhindern, deren Früchte aber nicht genutzt
werden. Sie stehen zur freien Verfügung, doch kaum jemand
weiß davon. Dank der Karte, die von glücklichen Findern,
großzügigen Eigentümern oder generösen Unternehmen
auf dem Laufenden gehalten wird, sind sie nun leicht zu finden. Inzwischen stellt sogar die öffentliche Verwaltung Daten
zur Verfügung, damit keine Lebensmittel mehr am Baum
verdorren.

Die zweite Regel heißt daher: saisonal

Jede Frucht hat eine spezifische Ernteperiode. Während Äpfel im Herbst reifen, bringt der Frühsommer uns Erdbeeren, Spargel oder Rhabarber. Stellen wir unsere Ernährungsgewohnheiten darauf ein und wählen unser Menü der Jahreszeit entsprechend, sparen wir nicht nur eine Menge Energie, die andernfalls in Gewächshäuser oder Kühlanlagen fließt. Sondern wir essen sogar noch ausgewogen und abwechslungsreich.

Kochhaus

Wie oft hat man das schon erlebt? Für ein neues Gericht braucht man ein bestimmtes Gewürz in homöopathischer Dosierung. Anschließend bleibt die angebrochene Dose jahrelang im Regal stehen und wird und wird nicht weniger. Irgendwann schmeißen wir den Rest einfach weg.

Damit das nicht passiert, bietet das Kochhaus Berlin, das sich selbst als »begehbares Kochbuch« bezeichnet, eine gute Alternative. In den Filialen kann man genau abgewogene Zutaten für ausgewählte Gerichte kaufen, selbst in kleinen Mengen. Die Zutaten sind für ein bestimmtes Rezept bestimmt, das es kostenlos dazu gibt. Gekocht wird zu Hause.

Vor allem für Singles ist dies ein praktisches Angebot, da ausreichend kleine Mengen vieler Zutaten entweder gar nicht erhältlich sind oder zumindest nicht, ohne zusätzlichen Verpackungsmüll zu produzieren. Natürlich ist auch hier die Frage: Wie bewege ich mich zum Kochhaus und zurück? Da mein VW Golf etwa 350 g Natur pro km verbraucht, lohnt sich das Einkaufen im Kochhaus ökologisch nur zu Fuß oder mit dem Fahrrad. Ein interessanter Systemzusammenhang, oder?

Wenn wir keine Lust zum Einkaufen und Kochen haben, gibt es eine dritte Möglichkeit, besonders ressourceneffizient zu essen.

Dann heißt es nämlich: Lokal

Gerade in Singlehaushalten ist es manchmal mühsam und kaum lohnend, den eigenen Herd anzustellen, um Lebensmittel in Kleinstmengen zuzubereiten. In diesen Fällen kann es sinnvoll sein, einen Lieferdienst zu bestellen oder in ein Restaurant zu gehen. Weil hier Gerichte in größeren Mengen zubereitet werden, ist der Energieaufwand beim Kochen und beim Lebensmitteleinkauf deutlich geringer. Außerdem haben Catering-Unternehmen und Restaurants gute Möglichkeiten, ressourcenarme Gerichte zu kreieren und bekannt zu machen.[42]

Lieferdienste

Da Pizzerien oder Restaurants Lebensmittel in größeren Mengen kaufen oder Gerichte für viele Personen kochen, lohnt es sich aus Sicht der Ressourceneffizienz gelegentlich, Essen zu bestellen, statt selber zu kochen. Wird die Mahlzeit dann aber individuell mit dem Auto geliefert – eventuell sogar von einem einzigen Fahrer mit einer einzigen Pizza beladen –, ist der Nutzen schnell wieder hin. Das vermeiden Lieferdienste, die die heiße Ware mit dem Fahrrad transportieren.

Jedes Schnitzel zählt

Wenn schon der Gemüseanbau ökologisch oft bedenklich ist, so ist es die Tierhaltung umso mehr. Der Verzehr von Fleisch und Fisch ist mit einem besonders hohen Ressourcenverbrauch verbunden. Ebenso der Genuss von Milch und Käse. Der Anteil tierischer Produkte am ernährungsbedingten Flächenfußabdruck summiert sich fast auf 70 Prozent. Das entspricht etwa 14 Millionen Hektar.[43]

70%

VOM ERNÄHRUNGS-
BEDINGTEN FLÄCHEN-
FUSSABDRUCK

»Laut FAO werden derzeit weltweit mehr als 19 Milliarden Hühner, 1,4 Milliarden Rinder und jeweils eine Milliarde Schweine und Schafe gehalten. Diese Tiere benötigen Fläche und Futter. Von den ungefähr fünf Milliarden Hektar weltweit verfügbarer landwirtschaftlicher Nutzfläche werden etwa 80 Prozent in Form von Weide oder Ackerland allein für die Tierhaltung in Anspruch genommen. Und es wird immer mehr Land benötigt – mit gravierenden Auswirkungen auf natürliche Lebensräume. So sind zum Beispiel 60 bis 75 Prozent der neu gerodeten Flächen im Amazonasgebiet auf die Schaffung von Weideland zurückzuführen. In Deutschland werden etwa 17 Millionen Hektar Fläche landwirtschaftlich genutzt und auf maximalen Ertrag getrimmt. Das ist fast die Hälfte des gesamten Landes. Und doch reicht uns das nicht: Eine Fläche so groß wie Bayern »importieren« wir aus anderen Ländern.«[44]

Doch damit nicht genug. Neben dem hohen Bedarf an Fläche, die dadurch nicht mehr als natürlicher Lebensraum mit hoher Artenvielfalt zur Verfügung steht, ist auch der Bedarf an technischer Energie hoch. Je nach Lage und regionalem Klima müssen die Ställe beheizt werden. Licht, Futter- und Melkmaschinen kommen zum Einsatz. Ebenso Fahrzeuge, um die Flächen zu bearbeiten, zu säen und zu ernten.

Der Autor Esa Aro-Heinilä hat die Herstellung von Weihnachtsschinken untersucht und kommt in seiner Studie zu dem Schluss: »Wenn man [...] die Energiemengen betrachtet, die für die Produktion von Getreide, Erbsen, Sojabohnen oder Raps notwendig sind, wird klar, dass Pflanzen das bis zu 6-Fache der in ihre landwirtschaftliche Produktion investierten Energiemenge in einer für den Menschen nutzbaren Form erbringen. Am ressourcenproduktivsten wäre in dieser Hinsicht also, komplett auf Schweinefleisch zu verzichten.«[45] Man möge sich aber erinnern: Als die Bauern früher noch ein Schwein im Koben hatten, war dies die weltbeste Nahrungsmittel-Recyclinganlage, weil alle Küchenabfälle zu Fleisch und Fett verwandelt wurden. Auch Enten schaffen dieses Ökowunder!

Auf modernes Schweinefleisch ganz zu verzichten, ist also die Devise. Das gilt grundsätzlich auch für alle anderen Fleischsorten. Mit anderen Worten: In Bezug auf die Ressourcen wäre eine rein vegetarische Ernährung eigentlich am besten. Oder sogar eine vegane. Insofern ist es gut, dass diese Ernährungsstile in westlichen Ländern derzeit in Mode sind.[46]

Für viele Menschen aber ist es keine Option, gänzlich auf tierische Produkte zu verzichten, schon aus gesundheitlichen Gründen. Doch auch für dieses Dilemma gibt es eine Lösung. Sie heißt: weniger Fleisch, aber dafür besseres, nämlich Bioware aus artgerechter Tierhaltung und Fisch mit MSC-Siegel. Die MSC-Siegel sind ein Instrument der Qualitätssicherung, des sicherstellt, dass der Fisch nachhaltig gefangen wurde. Dazu gehört beispielsweise, den nicht verwertbaren Beifang zu vermeiden, der normalerweise etwa 40 Prozent des Fangs ausmacht.[47]

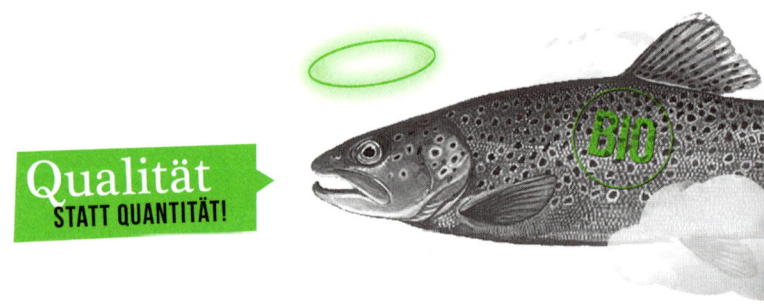

Qualität
STATT QUANTITÄT!

Statt jeden Tag Fisch- oder Fleischgerichte zu servieren, sollten wir vielleicht wieder zum Sonntagsbraten zurückkehren. »Wenn zum Beispiel alle Menschen in Deutschland nur einmal die Woche auf ihr Schnitzel verzichteten, dann würden 600 000 Hektar Flächen weniger für die Produktion unserer Lebensmittel benötigt. Das entspricht 600 000 Fußballfeldern. Auch würden große Mengen an Treibhausgasen eingespart, ca. 9 Millionen Tonnen. Eine vierköpfige Familie müsste umgerechnet auf eine über 3 600 km lange Autofahrt verzichten, um diese Menge an Emissionen einzusparen. Dies zeigt deutlich: Kleine Veränderungen haben in der Gesamtheit große Wirkung.«[48] So noch einmal das WWF.

In Finnland durchgeführte Untersuchen[49] kommen zu manchmal überraschenden Ergebnissen: So kann eine Person, die ihren Konsum von Käse zur Hälfte auf Hüttenkäse umstellt, genauso viele Ressourcen einsparen – nämlich 320 kg im Jahr – wie eine Person, die ihren Verbrauch von Milchprodukten insgesamt um 50 Prozent reduziert.[50]

Tonne um Tonne in die Tonne

In Deutschland wandern jedes Jahr über 18 Millionen Tonnen Lebensmittel in den Abfall. Das entspricht fast einem Drittel des Gesamtverbrauchs der Bundesrepublik. Etwa 10 Millionen Tonnen davon sind vermeidbar. Christoph Heinrich, Vorsitzender des WWF Deutschland, jener Organisation, von der diese Ergebnisse stammen, formuliert es so: »Derzeit ist es so, als würden wir Mecklenburg-Vorpommern und das Saarland in einen riesigen Acker umwandeln und die eingefahrene Ernte einfach wegwerfen.«[51] Derzeit, so Heinrich weiter, werfen wir in Deutschland durchschnittlich in jeder Sekunde 313 kg genießbare Nahrungsmittel weg.[52]

18 000 000 000 🏋 KG
PRO JAHR

313 🏋 KG PRO SEKUNDE

DEUTSCHLANDWEIT

Essensretterbrunch

Mit einem außergewöhnlichen Brunch-Buffet begegneten
der WWF Deutschland und die Welthungerhilfe der Lebensmittelverschwendung. Sie luden zum Essensretterbrunch.
Ziel der Aktion war eine neue Wertschätzung für das, was wir
essen.

Gereicht wurden ausschließlich Lebensmittel, die andernfalls in der Tonne gelandet wären, obwohl sie höchsten Qua-
litätsansprüchen genügen. Sie stammten von Bauern aus
dem Berliner Umland und Brandenburg, die das Obst und
Gemüse spendeten, weil es aufgrund von »Schönheitsfeh-
lern« wie beschädigten Verpackungen nicht verkauft werden
konnte. Freiwillige Helfer kochten beispielsweise Marmela-
de aus 30 kg Kirschen und schnippelten Suppen und Salate
aus 1000 kg Gemüse. Angeleitet wurden sie dabei von dem
Koch Wam Kat und Mitarbeitern des Steigenberger Hotels
am Kanzleramt. Insgesamt retteten sie mit der Aktion rund
eine Tonne bester Lebensmittel.[53]

Die Verbraucherzentrale hat eine Menge Bereiche ausfindig
gemacht, in denen Lebensmittel verschwendet werden:

»Verschwendung vom Acker bis zum Teller«

In der Landwirtschaft werden zum Beispiel Salate unterge-
pflügt, weil sie in Form, Farbe oder Größe abweichen oder zu
niedrige Preise erzielen.

Sensible Lebensmittel, wie Erdbeeren, verderben bei Transport oder Lagerung.

Fleischwarenhersteller vernichten die Überproduktion, wenn
wegen schlechten Wetters weniger Grillwürste bestellt werden.

Der Handel entsorgt Lebensmittel kurz vor Ablauf des Min-
desthaltbarkeitsdatums.

Bäckereien bieten Brot vom Vortag nicht mehr an, sondern
werfen es weg.

In Kantinen müssen Buffetreste aus hygienischen Gründen
entsorgt werden.

Verbraucher kaufen oder kochen zu viel oder lagern Lebensmittel falsch.[54]

Auf die meisten Bereiche können wir nur mittelbar einwirken, doch der letzte liegt ganz in unserer Hand: Allzu oft werden mehr Lebensmittel gekauft als verbraucht. Werden sie dann auch noch falsch gelagert, ist es vorprogrammiert, dass ein Teil verdirbt und nur noch weggeworfen werden kann. Dabei könnten wir in hohem Maße Ressourcen wie technische Energie, Wasser und Boden schonen, wenn wir weniger einkaufen und die Reste weiterverwenden würden.[55]

Wir sollten also nicht nur das Einsparen natürlicher Ressourcen zu Beginn neu entdecken. Genau so wichtig ist es, auch aus Resten ein Maximum von Nutzen herauszuholen. Kaffeesatz zum Beispiel kann als Zusatz zu Blumenerde dienen, denn er enthält Stickstoff, Phosphor und Kalium. Daher ist er gut als Dünger insbesondere für Rosen geeignet – sogar so gut, dass häufig auf den Kauf künstlicher Düngemittel verzichtet werden kann. Auch Tee oder Bananenschalen erweisen sich als geeignete Gartenhelfer.[56]

Im Großen geht es hier eigentlich um ein neues Geschäftsmodell. Kaffeesatz kann auch als Energiequelle dienen, als Futtermittel, als Substrat zur Pilzproduktion und als Blumenerde, als Dünger und Nahrung für Regenwürmer.[57]

Leckere Reste

Zum Glück ist das Problem der Lebensmittelverschwendung nicht neu und hat schon viele Menschen zu guten Ideen inspiriert. Die Beste-Reste-App des Bundesumweltministeriums zum Beispiel soll helfen, Reste sinnvoll zu verwerten. Bis zu drei Zutaten kann man in sein Handy tippen und erhält prompt ein passendes Rezept – viele davon sogar von Sterneköchen. Dazu gibt es eine ergänzende Einkaufsliste mit genauen Mengenangaben. So werden Reste, die andernfalls in die Tonne wandern würden, doch noch zu einer leckeren Mahlzeit.

Eine andere Möglichkeit, Lebensmittel loszuwerden, die man nicht selbst verbrauchen kann, bietet foodsharing.de. Hier können Lebensmittel an Nachbarn weitergegeben werden, die sie verwerten möchten. Beispielsweise die Baguette-Stangen, die bei der gestrigen Party übrig geblieben sind.

Mit Rezepten und Ideen für Essensretter hilft auch das Kochbuch »Taste the Waste« weiter. Das »Kursbuch für den kulinarischen Widerstand« versteht sich als Einladung, sich dem Kampf gegen Verschwendung und Geringschätzung von Lebensmitteln anzuschließen. »Bis zu einem Drittel der natürlichen Ressourcen, die wir weltweit benötigen, verbrauchen wir für unsere Ernährung – von der landwirtschaftlichen Produktion über den Transport, die Lagerung, die Verarbeitung und Verpackung, den Handel – bis hin zum Verzehr und der Entsorgung der Verpackung.«[58]

Entlang dieser Prozesskette entstehen mit knapp 161 Millionen Tonnen mehr Emissionen klimaschädlicher Gase als in Industrieprozessen. Mehr als 70 Prozent davon gehen auf den Konsum tierischer Produkte zurück.[59] Das können wir mit unserem Kauf- und Konsumverhalten essenziell beeinflussen – zum Guten wie zum Schlechten.

Jeder Einzelne kann den materiellen Fußabdruck seiner Ernährung mit einfachen Mitteln von 5,9 Tonnen auf 3 Tonnen pro Jahr senken,

… indem er seinen Verbrauch von Lebensmitteln und Getränken auf ein gesundes und immer noch genussvolles Maß reduziert,

… indem er leckere Mahlzeiten mit spürbar weniger Fleisch und Milchprodukten kocht,

… und indem er weniger wegwirft und dadurch Ressourcen spart.[60]

zugutfuerdietonne.de

Die Seite des Bundesumweltministeriums informiert umfassend über Lebensmittelverschwendung und darüber, was
sich dagegen unternehmen lässt.

Zehn Empfehlungen für eine ressourcenschonende Ernährung:

01 / Iss weniger Fleisch

Der Verzicht auf Fleisch und tierische Produkte im Allgemeinen spart enorm viele Ressourcen.

02 / Iss saisonales Obst und Gemüse

Die Wahl saisonaler Obst- und Gemüsesorten vermeidet den Verbrauch von Ressourcen, um Gewächshäuser zu betreiben oder Früchte zu kühlen.

03 / Vermeide Lebensmittelverschwendung

Nicht verbrauchte Lebensmittel, die einfach weggeworfen werden, bedeuten eine enorme Ressourcenverschwendung. Neuere Studien betonen, dass etwa 17 Prozent der Nahrungsmittel, die außer Haus (in Restaurants, Kantinen etc.) konsumiert werden, im Müll landen. Aus ökologischen, ethischen und ökonomischen Gründen muss diese Menge so schnell wie möglich reduziert werden.

04 / Kaufe nicht mit dem Auto ein

Allein die Einkaufsfahrt mit dem Auto (ebenso die automobi-
le Lieferung nach Hause) kann den ökologischen Rucksack
eines Einkaufs vervielfachen.

05 / Vermeide Verpackungsmüll

Verpackungen sind oft überflüssig, verbrauchen aber eine
große Menge an Ressourcen.

06 / Optimiere Lagerung und Zubereitung

Die Einsparung von Wasser und technischer Energie in der
Küche kann den ökologischen Rucksack einer Mahlzeit si-
gnifikant verringern.

07 / Bevorzuge frische, möglichst wenig verarbeitete Lebensmittel

Die Verarbeitung, Konservierung und Kühlung von Lebensmitteln verbraucht eine ungeheure Menge natürlicher Ressourcen. Je weniger verarbeitet ein Produkt ist, desto ressour-
censchonender ist es folglich.

08 / Kaufe regionale Produkte

Der Kauf regionaler Produkte fördert die regionale Wirtschaft. Außerdem werden lange, ressourcenintensive Überlandtransporte vermieden.

09 / Bevorzuge Bioprodukte

Zwar ist der ökologische Fußabdruck von Bioprodukten häufig nur wenig geringer als der konventioneller Lebensmittel. Dafür schneiden sie wesentlich besser ab, wenn es beispielsweise um den Erhalt der Artenvielfalt geht oder um die Vermeidung giftiger Substanzen.

10 / Wähle fair gehandelte Güter

Durch den Kauf von Fair-Trade-Produkten ist gewährleistet, dass die Menschen in Entwicklungsländern faire Löhne und Arbeitsbedingungen erhalten. Das reduziert zwar nicht den weltweiten Ressourcenverbrauch, trägt aber zu einer gerechteren Verteilung der Ressourcennutzung bei.[61]

Mario Franck hat eine lesenswerte „Handreichung" für Lehr-kräfte verfasst (www.der-unsichtbare-rucksack.de), in der die Materialintensität (abiotisch+biotisch) von Nahrungsmitteln im Mittelpunkt steht. Hierzu einige Beispiele (Gewicht Ruck-sack/Produkt) mit gerundeten Zahlen.[62]

Karotte	1,4/1
Salat	2.2/1
Frische Vollmilch	2,5/1
Roggenbrot	2,7/1
Weizenbrot	4,9/1
Schweinewurst	16/1
Geflügelwurst	22/1
Käse (durchschnittlich)	40/1
Rindswurst	43/1
Butter	80/1

Für jedes Kilogramm Fleisch werden im Mittel 7 kg Futter-mittel verfüttert. Bei weltweit deutlich geringerem Fleisch-konsum verblieben deshalb erhebliche Mengen an Nah-rungsmittel für den menschlichen Verzehr.

acht.

Die Wasser-Rucksäcke von Nahrungsmitteln sind erwartungsgemäß in vielen Fällen ganz erheblich, zum Beispiel:

Schweinefleisch	60/1	Deutschland
Rindfleisch	270/1	Deutschland
Hähnchen	340/1	Deutschland
Gurke	570/1	Finnland
Tomate	800/1	Finnland

Der Import von Waren mit schwerem Wasser-Rucksack nach Deutschland bedeutet den Export großer Wassermengen aus dem Herstellungsland, was in Ländern mit Wassermangel (zum Beispiel Andalusien, Griechenland) zu erheblichen ökologischen Schwierigkeiten führen kann.

Genetisch veränderte Lebens- mittel

Viele unserer Lebensmittel sind gentechnisch verändert. Und das, obwohl es unmöglich ist, mit Sicherheit vorauszusagen, ob und wie unser Eingriff in den Gencode von Tieren und Pflanzen sich auf die Umwelt auswirkt – und auf den Menschen. Nur eins ist sicher, nämlich dass es sich auswirkt. Durch unser Handeln verändern wir unsere eigenen Lebensbedingungen und die aller anderen Lebewesen in unvorhersehbarer Weise.

Hier geht es um Prinzipielles. Befürworter von Genschneiderei und dem Einsatz von Chemie in der Landwirtschaft sollten aus meiner Sicht erst einmal im systemischen Sinn glaubhaft machen, dass ohne diese Eingriffe das Leben von Menschen, oder Tieren und Pflanzen in Gefahr gerät. Falls diese Gefahr von den Vereinten Nationen (WHO, UNEP und Generalversammlung) als real anerkannt wird, sollten dann zunächst Wege gesucht werden, die Gefahr durch andere Mittel einzudämmen oder zu verhindern. Zu berücksichtigen ist dabei, dass Genschneiderei und der breite Einsatz chemischer Mittel meist wenigen Unternehmen große Profite bescheren. Sehen sollten wir auch, dass schwer zu kontrollieren und Zulassungen außerordentlich schwer zu widerrufen sind. Produktionsmonopole haben mit Marktwirtschaft und fairem Handel herzlich wenig zu tun.

neun.

DAS NEUNTE GEBOT.

Du sollst dich öko-logisch fort-bewegen.

Denn viele Umweltschäden entstehen durch die gedankenlose Nutzung von unnötig schweren, wenig ausgelasteten und viel zu früh verschrotteten Fortbewegungsmitteln.

Emission und Mobilität

Wussten Sie, dass das sicherste Auto der Welt der Autoscooter ist, den Sie auf der Kirmes mieten können? Wenn der bei 30 km/h zum abrupten Stillstand kommt, dann lachen alle Beteiligten. Versuchen Sie das mal mit Ihrem VW Polo oder dem 3er BMW.

Und wussten Sie, dass die mittlere Geschwindigkeit von Pkws in Innenstädten bei 15 km/h liegt? Interessant scheint mir auch, dass Flugzeuge 1000 Mal mehr Kilometer schaffen und bis zu 10 Mal länger leben als Ihr Auto!

Es mag paradox klingen, aber ein großer Teil der Ressourcen im Haushalt werden verbraucht, wenn keiner zu Hause ist. Dann nämlich, wenn wir zur Arbeit oder zum Einkauf, in den Urlaub oder zum Wochenendausflug fahren. Der größte Ressourcenfresser im Alltag ist das Auto – und weiter gefasst: unsere Mobilität. Autos der Mittelklasse haben Rucksäcke um die 40 Tonnen.

Der Produktionsweg eines Autos beginnt bei der Gewinnung und Verarbeitung von Erzen, der Herstellung von Kunststoffen und vielen anderen Ausgangsprodukten. Hinzu kommen die Herstellung von Schrauben, Klebern, Teppichen, von Motorteilen, Reifen und anderen, manchmal von weit her zugelieferten Komponenten. Und schließlich die Montage des gesamten Autos und die Auslieferung, für die oft wiederum große Transportstrecken zurückgelegt werden.

Allein die Gewinnung der benötigten Materialien bezahlen wir mit einer ganzen Reihe von größeren Eingriffen in die Natur. So wird Lithium in bislang weitgehend unberührten Ökosystemen, beispielsweise den Salzseen in Südamerika und China, abgebaut.[63] Das Bauxit, das zur Aluminiumgewinnung für die Leichtbaukarosserie gebraucht wird, stammt zum Teil aus tropischen Regenwäldern, die abgeholzt werden, um an den begehrten Rohstoff zu kommen. Zudem werden die dortigen Gewässer und Böden mit giftigen Rückständen der extrem energieaufwändigen Aluminiumproduktion überschwemmt werden.[64] Aluminium hat einen ökologischen Rucksack von nahezu 100 Kg Naturvernutzung pro 1 kg Endprodukt, und Kupfer von 350/1 bis 500/1, je nachdem, wo und wie es gewonnen wird. Bei Edelstählen liegen die Rucksäcke dagegen nur um die 20/1.

Als Verursacher von beträchtlichen CO_2-Emissionen stehen Autos schon lange auf der Agenda der Umweltpolitik. Und so gibt es bereits entsprechend viele Lösungsansätze. Die derzeitige Hoffnung heißt: Elektromobilität. Spätestens seit dem Abgasskandal von VW (2015) ist das Elektroauto wieder verstärkt in den Fokus der Öffentlichkeit geraten, und aktuell hat sich die Politik entschieden, es zu fördern. In Deutschland soll der Kauf eines privaten E-Mobils in den nächsten Jahren mit 4000 Euro und mit 10 Jahren Pkw-Steuerbefreiung unterstützt werden. Auf diesen »Umweltbonus« haben sich Wirtschafts-, Verkehrs- und Umweltministerium geeinigt.[65]

So macht man nachsorgende Umweltpolitik! Diese Politik kann nicht zur ökologischen Nachhaltigkeit führen, belohnt die Fantasielosigkeit der Autobauer mit Steuergeldern und verringert die Ressourcenproduktivität des Personentransports nicht um den Faktor 10, sondern erhöht sie noch.

Das nenne ich gekonntes Greenwashing!

Und dabei reden wir noch nicht einmal über den Abgasskandal, der inzwischen alle großen Autobauer betrifft. Jakob Augstein hatte recht, als er bei Phoenix TV am 1. Mai 2016 sagte: »Beim E-Mobil bezahlen die Steuerzahler dafür, dass die Gutverdienenden ihr ökologisches Gewissen beruhigen.«

Gemäß einer Studie des Sachverständigenrates für Umwelt-fragen vom Mai 2016 soll der CO_2-Ausstoß von Elektromobi-len, von der Wiege an gerechnet, ganz ähnlich dem konven-tioneller Kraftfahrzeuge sein.[66] Der materielle Fußabdruck pro Kilometer des E-Mobils ist auch nicht wesentlich anders als der eines vergleichbaren Benziners. Und wo bleibt der Faktor 10? Warum glaubt irgendjemand, das E-Mobil sei das Auto der Zukunft?

Beim hybridangetriebenen Auto übertrifft der materielle Fußabdruck den des Benziners gar um das Doppelte. Und auch der wird hoch subventioniert! Sozusagen als Speerspit-ze gegen den Klimawandel! Hat die Bundesregierung denn nicht schon genug finanzielle Probleme mit Flüchtlingen und der Knappheit an Wohnungen? Ich bin wütend über solchen Unsinn. Das ist einer promovierten Physikerin als Bundeskanzlerin nicht würdig! Sie sollte gelernt haben, in Systemen zu denken, wenn es schon ihren Kabinettskolle-gen nicht möglich ist.

Teilen statt besitzen: öffentliche Verkehrs- mittel und Carsharing

Berechnen wir den Ressourcenverbrauch, der anfällt, wenn wir uns mit technischen Hilfsmitteln fortbewegen, dann wird schnell klar. Lösungen müssen an ganz anderer Stelle gefunden werden. Vielfältige Studien belegen, dass ein Privatwagen heutiger Größe immer zu den schlechten Lösungen zählen wird – unabhängig davon, ob er mit einem Elektromotor oder einem herkömmlichen Antrieb ausgestattet ist, ob er selbstständig seinen Weg sucht oder nicht.

Deutlich über 80 Prozent der Pkw's, von denen jeder einzelne im Schnitt über 50 Tonnen Naturvernutzung erfordert, transportieren in Innenstädten auf fünf Plätzen nur eine Person mit 70 kg Gewicht. Darüber hinaus werden deutlich über 80 Prozent der lebenslangen Fahrleistung unserer Pkws in Innenstädten abgeleistet – mit rund 450 g materiellen Fußabdruck für jeden Kilometer. Und ganz nebenbei: Haben Sie schon einmal ausgerechnet, wie viel Sie für einen km Transport mit Ihrem Auto autolebenslang wirklich bezahlen? Kauf, Zinsen für die Bank, Versicherung, Steuer, Haftplicht, Kraftstoff, Reifen, Pflege, Reparaturen, Garage – und mehr? Möglicherweise werden Sie merken, dass Sie für das gleiche Geld Ihren Bedarf an Transport auch mit dem Taxi erledigen könnten. Das wäre dann eine »Win-win-win«-Option für Ihre Sicherheit, Bequemlichkeit und die Umwelt.

Natürlich ist es nicht überall möglich und schon gar nicht immer bequem, auf ein Auto zu verzichten. Zum Beispiel wenn in ländlichen Gegenden kein ausgebautes Nahverkehrsnetz existiert, die Arbeitszeiten ungünstig und Busse zu unflexibel sind. In diesen Fällen bieten private Fahrgemeinschaften eine gute Alternative – oder Carsharing.

Carsharing-Unternehmen bieten keine Autos, sondern eine Transportdienstleistung: Sie verkaufen Mobilität. Diese rechnen nach KOPS (Kosten per Unit Service). Dafür gibt es inzwischen viele gute und erfolgreiche Konzepte. Einige von ihnen sind mit anderen öffentlichen Verkehrssystemen wie Bus oder Bahn verbunden. Bei dem Schweizer Carsharing-Anbieter Mobility kann man zum Beispiel einen Kombivertrag abschließen: »Für einen geringen Aufpreis auf das Jahresabonnement des Zürcher Verkehrsverbundes kann der Kunde zusätzlich Mobility-Autos benutzen.«[67] So der Journalist Bert Beyers über das Mobilitätsunternehmen.

neun.

Außerdem gibt es dort erfolgreiche Business-Carsharing-Modelle: Firmenfahrzeuge, die normalerweise am Wochenende ungenutzt herumstehen würden, gehen Samstag und Sonntag in den Mobility-Betrieb über. In ihrem geprüften Nachhaltigkeitsbericht geben die Betreiber an, dank ihres Angebots würden viele Kunden auf ein eigenes Auto verzichten. 27 600 Fahrzeuge können dadurch eingespart werden und 41 400 Parkplätze. Das entspricht einer Fläche von 145 Fußballfeldern.[68]

car2go, die deutschen Kollegen von Mobility, haben auf ihrem Bordcomputer sogar ein Programm installiert, das während der Fahrt das eigene Fahrverhalten visualisiert. Auf dem Display wachsen oder schrumpfen Bäumchen, je nachdem ob der Fahrstil den Eco-Drive-Regeln entspricht oder nicht. Mit den Bäumen werden die drei Komponenten Beschleunigung, gleichmäßige Fahrweise und Ausrollen gemessen, die unmittelbare Auswirkung auf den Kraftstoffverbrauch und den Schadstoffausstoß haben. Vorausschauendes und gleichmäßiges Fahren spart Treibstoff. Macht der Fahrer seine Sache besonders gut, bevölkern sogar Tiere die virtuelle Landschaft. Zu Weihnachten sehen die Bäume aus wie Weihnachtstannen, und statt der Tiere gibt es Geschenke.[69] Das ist charmant und macht zugleich deutlich, was die Spielerei leisten kann.[70]

Noch besser wäre es allerdings, wenn car2go wie auch die anderen und Autohersteller insgesamt einen Zähler für den materiellen Fußabdruck in jedes Automobil einbauen ließen. Dieser sollte erstens den aktuellen Verbrauch von Ressourcen pro Kilometer anzeigen, und zweitens den seit Beginn der Produktion, der Fahrzeuge insgesamt angesammelten Materialverbrauch. Auch die Kostenanzeige dieser Dienstleistung wäre eine gute Sache. Denn hier ließe sich – wie im Taxi – ablesen, wie sich der Preis gestaltet.

Der Verkehrsminister sollte sich überlegen, ob mittelfristig solche Kostenzähler in alle Kraftfahrzeuge eingebaut werden sollten. Anstelle der für Elektroautos ausgegebenen Subvention wäre dies aus meiner Sicht eine sehr viel wirksamere Investition von Steuergelder in den Umweltschutz. Und da wir schon dabei sind: Das Wirtschafts- und Umweltministerium sollte darauf drängen, dass an allen Produkten Hinweise auf deren materiellen Fußabdruck angebracht werden.

Die Prämie, die in den Ausbau der Elektromobilität fließt, ist eine Fehlinvestition. Viel besser wären die öffentlichen Gelder eingesetzt, wenn sie in den Ausbau von Fahrradwegen, Bus- und Bahnnetzen investiert würden. Denn wir brauchen weniger – oder zumindest kleinere – Privatwagen, wenn wir wirklich etwas erreichen wollen.

Dass selbst radikale Lösungen vorstellbar sind, zeigen die Norweger.

Oslo will bis 2019 die Autos aus der Innenstadt verbannen. Die Stadtregierung kündigte an, in drei Jahren keine Privatautos mehr im Zentrum zuzulassen, wo zwar nur rund tausend Menschen wohnen, dafür aber 90 000 arbeiten. Im gesamten Stadtgebiet der Autoverkehr bis 2019 um 20 Prozent und bis 2030 um 30 Prozent reduziert werden. So plant die Regierung, den Verbrauch von fossilen Brennstoffen zu reduzieren, das Radwegenetz auszubauen und in Elektrofahrräder zu investieren. Ob die Pläne realistisch sind, bleibt abzuwarten. Aber die Richtung stimmt.

Auch andere europäische Städte haben den Innenstadtverkehr bereits massiv eingeschränkt. Darunter Metropolen wie Madrid oder London. In der britischen Hauptstadt gibt es schon seit Jahrzehnten eine Citymaut, um Reisende zum Umstieg auf öffentliche Verkehrsmittel zu bewegen. Paris hat erst kürzlich einen autofreien Sonntag angeordnet.

Auch Carsharing-Unternehmen zu fördern könnte eine Überlegung wert sein, wenigstens in strukturschwachen Gebieten. Entscheiden sich die Unternehmer zudem noch für Fahrzeuge mit kleinem materiellem Fußabdruck, so wäre das ein bedeutender Schritt in Richtung echter Nachhaltigkeit!

Wie man den Innenstadtverkehr mit Pkws um einen Faktor 10 und mehr mit vorhandener Technik dematerialisieren könnte und dennoch alle statistisch bekannten Bedürfnisse dabei befriedigen, habe ich in meinem Buch »Grüne Lügen« könnten die CO_2-Emissionen dargelegt. Als Nebeneffekt um bis zur Hälfe verringert werden.

zehn.

Du sollst dich informieren.

Denn ohne verlässliche Informationen kannst du keine nachhaltig richtige Entscheidung treffen.

Wir brauchen Informationen

Das Wissen um das Ressourcenproblem ist in der Öffentlichkeit und in den meisten Behörden erschreckend gering – und das nach mehr als 20 Jahren Forschung über Ressourcen, ökologische Rucksäcke wie den materiellen und den ökologischen Fußabdruck. Mitarbeiter in Betrieben, Verkäufer, Designer, Architekten, Ingenieure oder Handwerker haben kaum ein Bewusstsein für die ökologischen Folgen ihres täglichen Tuns. Weiß ein Monteur, dass jedes Kilogramm Kupfer mit der Vernutzung einer halben Tonne Natur bezahlt wird, PVC hingegen mit nur 8 kg? Und wer weiß schon, dass eine Online-Banküberweisung dem Materialverbrauch von bis zu sechs Bierdosen aus Aluminium entspricht.[71] Oder dass Klarsichtfolie zum Einwickeln von Nahrungsmitteln mehr als 200 Mal ressourcensparender ist als Aluminiumfolie?

Der Markt, auf dem Hersteller und Verbraucher agieren, bietet hier kaum Informationen. Und selbst bei den bestehenden, zum Teil fragwürdigen Öko-Kennzeichnungen herrscht Chaos. Es ist, als würde man die Preise in 30 verschiedenen Währungen auszeichnen.

Natur ist ökonomisch unsichtbar.

Bei der Herstellung der Produkte, die wir konsumieren, verbrauchen die Unternehmen Natur und schöpfen daraus Gewinne. Der Preis, den wir beim Kauf von Gütern bezahlen, spiegelt die Vernutzung von Natur und deren Folgen jedoch nur ansatzweise – wenn überhaupt – wider. Das täuschte lange Zeit über die Tatsache hinweg, dass durch die Produktion und Nutzung von Dingen gewaltige Folgekosten in unserer Umwelt entstehen. Folgekosten, die inzwischen eine immer größere Belastung für die Volkswirtschaften darstellen. Allein die Folgekosten des Klimawandels könnten in den nächsten 50 Jahren auf Tausende Milliarden Euro ansteigen.[72] Und für den Versuch, den anfallenden Atommüll zu entsorgen, wurden in Deutschland in den vergangenen 30 Jahren ca. 400 Millionen Euro investiert. Bisher jedoch ohne nennenswertes Ergebnis.

400 MILLIONEN EURO
30 JAHRE

Die Rechnungen, die uns hier noch blühen, sind also überhaupt noch nicht zu beziffern. Doch das Wiederaufforsten von Wäldern, die Entgiftung von Flüssen, die Entsorgung von Atommüll und erst recht die Beseitigung der Schäden nach Natur- oder Reaktorkatastrophen werden meist aus Steuergeldern bezahlt. Und nur selten von den Firmen, die für diese Schäden verantwortlich sind und mit ihren Geschäften viel Geld verdient haben.[73]

Solche Schäden werden als »negative Externalitäten« bezeichnet: Es sind negative Auswirkungen wirtschaftlicher Handlungen, die in den Bilanzen der Hersteller nicht auftauchen. Anders gesagt: Während die aus der Naturnutzung erwachsenden Gewinne nicht angetastet werden, bezahlt die Folgekosten für die Beschädigung der Umwelt die Gesellschaft. Sie werden sozialisiert.

Eine von den UN unterstützte globale Studie zur Ökonomie von Ökosystemen und Biodiversität sieht den Grund für dieses Missverhältnis in der »ökonomischen Unsichtbarkeit der Natur«.[74]

Solange die Vernutzung von Natur nahezu nichts kostet, werden die entstehenden Kosten in wirtschaftlichen Entscheidungen nicht berücksichtigt.

Weder sind die Unternehmen dazu angehalten, mit ihrem Naturverbrauch zu haushalten, noch der Verbraucher. Bei dessen Kaufentscheidungen spielen ökologische Erwägungen zumeist nur dann eine Rolle, wenn es um seine Gesundheit geht. So sind unsere Umweltprobleme wirtschaftlich gesehen die Folge der Tatsache, dass Natur als öffentliches Gut noch immer zum Nulltarif zur Verfügung steht.

Wir brau-
chen den
materiellen
Fußabdruck
MIPS –
wir wollen
KOPS.

Mit dem materiellen Fußabdruck (oder MIPS) haben wir ein Konzept, das Informationen über den ökologischen Preis von Dienstleistungen liefert. Wie wir gesehen haben, erlaubt der materielle Fußabdruck, die von technischen Geräten geleisteten Dienste ökologisch zu vergleichen – zum Beispiel einen Personenkilometer per Flieger, Bahn, Bus, Pkw, Fahrrad, Rollschuhen oder zu Fuß. Mit dem materiellen Fußabdruck wird eine durchgängige, weltweite ökologische Kennzeichnung aller industriellen Warenangebote und Dienstleistungen möglich.

Berechnungen des materiellen Fußabdrucks zeigen außerdem, ob Recycling und welche Techniken für die Nutzung solarer Energie ökologisch sinnvoll sind. Das Konzept des materiellen Fußabdrucks erlaubt Aussagen darüber, ob Forschungs- und Entwicklungsvorhaben einen Beitrag zur Annäherung an die Nachhaltigkeit leisten. Das gilt für technische Innovationen, aber auch für soziale Projekte. Der materielle Fußabdruck kann zur Überprüfung der ökologischen Qualität von gesetzlichen Vorschriften, Patentanmeldungen, Standards, Normen, Gebührenordnungen, Investitionen und Subventionen etc. eingesetzt werden – und von Preisen.

Preise entscheiden maßgeblich über unser Konsumverhalten. Bis heute gibt es jedoch so gut wie kein Handelsgut, dessen Preis widerspiegelt, welche Umweltschäden seine Herstellung, sein Betrieb und seine Entsorgung verursachen. Wenn aber die Preise von Prozeduren, Produkten, Prozessen, Infrastrukturen und Dienstleistungen weltweit die Basis für Entscheidungen in der Produktion und beim Konsum sind, dann können diese nicht nachhaltig sein, solange ihre Preise nicht die Kosten der verändernden Eingriffe in die Natur widerspiegeln. Wäre auf jedem Preisschild nicht nur eine Summe in Geldeinheiten, sondern auch ein Indikator angegeben, der Auskunft über den Ressourcenverbrauch gibt, würden wahrscheinlich viele Kaufentscheidungen anders ausfallen. Dies zumal dann, wenn sich der Indikator auch noch im Preis selbst niederschlagen würde.

Mit anderen Worten: Müssten wir als Käufer für jede Kaffeemaschine wie für ihre Nutzung einige Euro extra für die zerstörte Natur zahlen, würde das unser Kaufverhalten beeinflussen.

Der ökologische Rucksack entspricht dem ökonomischen Preis eines Produkts, das zum Verkauf angeboten wird. Man könnte also neben das Preisschild im Autosalon ein Schild anbringen, das den ökologischen Rucksack des Fahrzeugs angibt.

Dann wüsste der Käufer, wie viel Natur bei der Produktion (zusätzlich zum Eigengewicht des Wagens) verbraucht wurde. Setzen wir diese Analogie fort: Dem ökologischen Rucksack hatten wir den materiellen Fußabdruck zur Seite gestellt. Dieser Wert gibt den Naturverbrauch des Produkts von der Wiege bis zur Bahre im Verhältnis zu seinem Nutzen an. Ähnlich ist es auf der finanziellen Seite: Wir kennen den Verkaufspreis eines Produkts, wissen aber nicht, was uns ein Kilometer Fahrt mit dem Auto kosten wird. Ich nenne das KOPS, die Kosten pro Kilometer. KOPS ist die ökonomische Schwester von MIPS. Dazu müssten wir wissen, wie lange wir es fahren und wie viele Kilometer. Diese Kosten können zwar im Vorhinein nicht exakt angegeben, sie können aber durchaus abgeschätzt werden. Sonst wären Taxameter nicht möglich, und Preise für Reisen mit der Bahn oder der Lufthansa wären reine Spekulation.

Die Formel KOPS kommt bei der Berechnung vieler Dienstleistungen zur Anwendung. Wer beispielsweise mit dem Taxi fährt, hat diesen Wert während der Fahrt ständig vor Augen. Der Preis für die Taxifahrt enthält sämtliche Kosten der Dienstleistung: die Versicherung, den Kraftstoff, den Stundenlohn des Fahrers, die Kosten für den Betrieb der Taxizentrale, eventuelle Zahlungen an den eigentlichen Besitzer des Taxis und den Preis des Autos, errechnet aus der Laufzeit, den Anschaffungs-, Wartungs- und Treibstoffkosten und so weiter. Ein Taxameter ist also ein Gerät zur Messung von KOPS, den Kosten pro Dienstleistung. Der Arzt und der Friseur haben keinen Taxameter, wird aber auch in KOPS bezahlt.

Wir wissen zu wenig.

Die Naturvernutzung in unseren Produkten ist ökonomisch unsichtbar – sie schlägt sich kaum in Preisen nieder. Allerdings spräche nichts dagegen, den Käufer wenigstens durch eine Information im »Beipackzettel« aufzuklären. Aber geschieht das nicht längst? Haben wir nicht längst eine Reihe von Produkten, die gerade wegen ihrer Umweltverträglichkeit angepriesen werden?

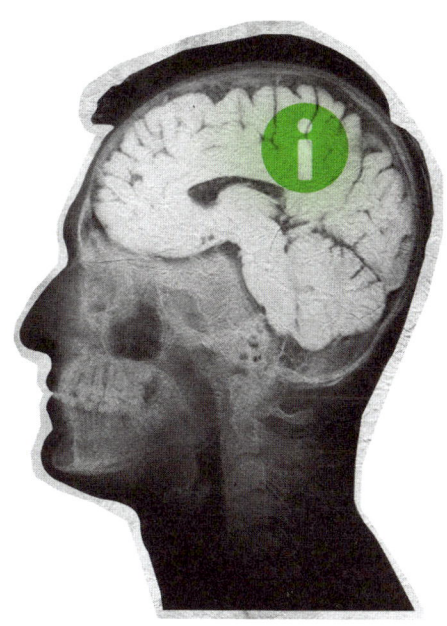

Was wissen wir über grüne Produkte?

Wir werden informiert, ob ein Kühlschrank viel oder wenig Strom frisst. Wir erfahren jedoch nicht, wie energieaufwendig seine Herstellung war. Man schaut also auf den Betrieb, den Stromverbrauch, der vor Ort anfällt, wenn der Kühlschrank oder das Auto benutzt werden, verdrängt dabei jedoch andere ökologische Kosten, die bei der Produktion wie auch der Nutzung und Entsorgung der Geräte entstehen. Derart schiefe Bilanzen lassen natürlich auch eine Kennzeichnung der ökologischen Qualität von Gütern fragwürdig erscheinen, die allein auf dem Energieverbrauch bei ihrer Nutzung beruhen. Denn der Energieverbrauch sagt nichts über die Ressourcenintensität insgesamt aus, mit der bestimmte Dienstleistungen – Kühlen, Fahren etc. – erbracht werden. Und beim Stromverbrauch wird praktisch nie berücksichtigt, dass der materielle Fußabdruck sehr unterschiedlich sein kann. Der materielle Fußabdruck des österreichischen Strommix ist etwa viermal geringer als der des deutschen. Das bedeutet: Derselbe Kühlschrank, der dasselbe deutsche Gütesiegel für einen sparsamen Energieverbrauch beim Betrieb trägt, wird in Österreich wesentlich ressourcensparsamer eingesetzt als in Deutschland – einfach deshalb, weil der hierfür verwendete Strom in Österreich unter ökologischen Gesichtspunkten wesentlich günstiger erzeugt wird. Dies weist noch einmal darauf hin, wie entscheidend wichtig es für das ökologische Gelingen der Energiewende ist, die Produktion von technischer Energie so ressourcenproduktiv wie möglich zu gestalten. Also ihren Rucksack so klein wie möglich zu machen.

Dass die Einsparung an Energie während des Betriebs von modernen, angeblich »grünen« Geräten häufig mit einer Erhöhung der Materialintensität erkauft wird, haben wir beim Hybridauto gesehen. Völlig unerträglich ist auch, dass die Emission klimaschädlicher Gase heute häufig als Indikator für Umweltqualität ganz generell genutzt wird. Dies ist einfach irreführend und falsch. Tatsächlich können Sie damit Kernkraftwerken, Stradivaris und Gemälden von Jean Miotte die gleiche Umweltfreundlichkeit bescheinigen.

In keinem Bereich der Zivilgesellschaft, einschließlich der Universitäten, existieren ausreichende Kenntnisse über den Zusammenhang zwischen dem Ressourcenverbrauch unserer Wirtschaft und der gegenwärtigen Umweltkrise. Wir sind alle schlecht informiert.

Das könnte es geben: Daten-banken

Damit Designer, Ingenieure, Architekten, Logistiker, Handwerker, Hersteller und Verbraucher Produkte ressourceneffizienter gestalten, nutzen und reparieren können, brauchen sie ein größtmögliches Maß an verlässlichen Informationen.

Eine wesentliche Voraussetzung für den Erfolg der Ressourcenwende besteht deshalb in der Schaffung einer öffentlich zugänglichen Einrichtung, die umfassend verlässliche Daten und Informationen zu Ressourcenfragen bereitstellt. Neben Herstellern und Dienstleistern müssen dem Handel, der Regierung, Behörden, Konsumenten, dem Gewerbe sowie der Wissenschaft und Lehre Informationen über Ressourcen zur Verfügung stehen.

Es obliegt meines Erachtens der Bundesregierung und der Europäischen Kommission, öffentlich zugängliche Einrichtungen mit umfassenden Daten und Informationen (auch aus der Praxis) zu natürlichen Ressourcen zu schaffen. Der Wirtschaftswissenschaftler Paul Ekins vertritt die Auffassung, dass eine solche Informationszentrale eines Tages so bedeutend sein werde wie die Nationalbank heute. Denn je größer der Druck wird, mit Ressourcen sparsam umzugehen, desto wichtiger werden Informationen über Stoffströme und Materialverbrauch.[75] Vielleicht müsste der Wert von Gütern und Dienstleistungen eines Tages in Kilogramm Natur bemessen werden – und nicht mehr in Geld.

Wenn wir von Umweltschutz und von Nachhaltigkeit reden, müssen wir über natürliche Ressourcen reden. Diese Wahrheit taucht viel zu selten auf.

Die ökonomische Unsichtbarkeit der Natur liegt im Kern unseres Wirtschaftssystems. Die externalisierten Kosten von Umweltschäden stärker in den Wirtschaftskreislauf einzubeziehen, zum Beispiel indem man den Verbrauch von Natur besteuert, ist Aufgabe der Politik.[76] Jeder Einzelne aber kann als Wähler und politisch engagierter Bürger dafür sorgen, dass über Ressourcen geredet wird.

Die »Atomkraft? Nein danke!«-Bewegung hat ihr Ziel in Deutschland 2011 erreicht: Nach der Reaktorkatastrophe im japanischen Fukushima wurde der Ausstieg aus der Atomkraft beschlossen. 2022 soll in Deutschland der letzte Meiler abgeschaltet werden. Eine überwältigende Mehrheit der deutschen Wähler wollte es so – die Politik hat reagiert. Es ist Zeit für eine neue Bewegung. Das Ziel: die Dematerialisierung unserer Lebensweise um den Faktor 10.

Factor 10:
Yes, we can!

Wie sähe die Datenzentrale für Ressourcen aus?

Das International Factor 10 Innovation Network hat auf Einladung der deutschen und österreichischen Forschungsministerien eine Studie zur staatlichen Organisation der Pflege und Erneuerung vorhandener Daten sowie der Erarbeitung neuer Rucksack-Faktoren vorgelegt, den sogenannten PRO-REGIS-Bericht.[77] Mehr ist in dieser Angelegenheit bisher leider noch nicht geschehen. Doch es gibt zahlreiche Institute, die ökologische Rucksäcke und materielle Fußabdrücke berechnen. Viele Rucksackfaktoren sind im Internet und in Büchern verfügbar.[78]

Ich will etwas tun – jetzt!

Der ökologische Fußabdruck der westlichen Industrienationen ist zu hoch. Doch welchen Anteil haben wir daran eigentlich persönlich? Nur wenn wir unseren individuellen Fußabdruck kennen, wissen wir, welche Auswirkungen unser Handeln auf die Umwelt hat – und wie wir (noch) besser werden können. Deshalb stellt das Wuppertal Institut auf seiner Webseite einen Fußabdruck-Rechner zur Verfügung, mit dem sich schnell und einfach die Folgen unseres persönlichen Lebensstils berechnen lassen: wupperinst.org/home

Auf der Webseite des Naturschutzbundes Deutschland kann man den ökologischen Rucksack vieler Alltagsprodukte berechnen lassen: www.nabu.de/umwelt-und-ressourcen/oekologisch-leben/alltagsprodukte/oekologischerrucksack.html

Das vom Bundesumweltministerium unterstützte BilRess-Netz-werk www.bilress.de/index.php/bilress-netzwerk.htmlerarbeitet Ausbildungsunterlagen zur Bedeutung natürlicher Ressour-cen für Mensch und Umwelt. Das Netzwerk stellt Informatio-nen für alle Bildungsbereiche zum Thema Ressourceneffizienz und Ressourcenschonung bereit.

Für Jugendliche und junge Erwachsene bietet die Earth Focus Foundation umfassendes Informationsmaterial und regt häufig auch Aktionen an: earthfocusfoundation.org

Das Wuppertal Institut net auf Basis der 12-bändigen Buchrei-he »Mut zur Nachhaltigkeit« des »Forums für Verantwor-tung«[79] von Klaus Wiegandt sechs detaillierte Lernmodule für Unterrichtszwecke erarbeitet.[80] Mit dem Fußabdruckrech-ner wupperinst.org/home: Ressourcen Fußabdruckrechner können Sie Ihren eigenen materiellen Fußabdruck abschät-zen und mit dem »Sollwert 2050« vergleichen. Das sind 5–7 Tonnen pro Jahr.

AUSKLANG

Zurück in die Zukunft

Am Anfang des Buches sprach ich vom alten Traum der Menschen, den natürlichen Begrenzungen ihres Lebens zu entkommen. Die Menschheit hat dies in bewundernswerter Weise geschafft. Jedoch auf Kosten einer instabiler werdenden Natur. Aber noch immer herrscht weithin der Glaube, unser begrenzter Planet könne weiterhin unbegrenzt Ressourcen für immer mehr Menschen und immer mehr Wachstum zur Verfügung stellen. Das ist offensichtlich falsch.

Auf eine Zukunft mit wirklicher Zukunft haben wir nur eine Chance, wenn wir schnellstmöglich lernen, Wohlstand mit viel weniger Vernutzung natürlicher Ressourcen zu schaffen. Die Ressourcenwende ist der einzige Weg, Umweltprobleme vorsorgend zu lösen. In der Entwicklung der hierfür geeigneten Technik, der wirtschaftlichen Rahmenbedingungen und eines entsprechenden Konsumverhaltens liegt eine große Chance, die Zukunft der Menschen sicherer zu gestalten.[81] Willige und fähige Länder können sie nutzen.

Ausklang.

Lange hat es gebraucht, bis Mächtige den Zusammenhang zwischen Ressourcenvernutzung und Stabilität der Umwelt verstanden haben. Aber jetzt zeigt sich doch ein heller Streifen am Horizont. In der Schlusserklärung des G7-Gipfels in Elmau 2015 steht: »Der Schutz und die effiziente Nutzung natürlicher Ressourcen sind für die nachhaltige Entwicklung von entscheidender Bedeutung. Wir streben eine Verbesserung der Ressourceneffizienz an, die wir für die Wettbewerbsfähigkeit der Industrie, für Wirtschaftswachstum und Beschäftigung sowie für den Schutz der Umwelt, des Klimas und des Planeten für entscheidend halten.«

Zurück in die Zukunft.

In der wirklichen Welt indes sind wir von wirksamem Ressourcenschutz noch weit entfernt. Vor allem deshalb, weil die Nutzung von Natur noch immer nahezu zum Nulltarif gestattet und deshalb üblich ist. Noch sind wir Gefangene einer Zivilisation, die mehr oder weniger dazu zwingt, die Umwelt zu zerstören.

Im Mai 2015 sagte Papst Franziskus: »Angesichts des Ausmaßes der Veränderungen ist es nicht mehr möglich, eine spezifische und unabhängige Lösung für jeden Teilbereich des Problems zu finden. Entscheidend ist es, ganzheitliche Lösungen zu suchen, welche die Wechselwirkungen der Natursysteme untereinander und mit dem Sozialsystemen berücksichtigen. Es gibt nicht zwei Krisen nebeneinander, eine der Umwelt und eine der Gesellschaft, sondern eine einzige und komplexe sozio ökologische Krise.«[82]

Ich habe mit diesem Buch versucht, Ihnen einigen Rat zu geben, wie Sie bei der Lösung dieser historischen Aufgabe helfen können.

DANK.

Dass ich dieses Buch noch schreiben durfte, verdanke ich meiner Frau. Sie hat mich im Krankenhaus vor dem Tod bewahrt. Nicht nur einmal. Stash Shatalin, einst ökonomischer Chefberater Präsident Gorbatschows, schulde ich Dank, weil er den Anstoß zu meiner Überzeugung gab, nur mit einer radikalen Einsparung natürlicher Ressourcen, nur mit einer radikal verbesserten Ressourcenproduktivität sei vorsorgend zukunftsfähige Wirtschaft möglich. Wolfram Huncke war wie schon oft zuvor ein unerlässlicher Gesprächspartner. Winfried Kretschmer hinterfragte zu Recht einige Details in meinem Text. Sergej Kreibich und Kristina Moll haben es geschafft, mit ihrer Fantasie das Buch liebenswerter zu gestalten. Und schließlich half Ronny Müller vom Ludwig Verlag erfolgreich, das 10-Gebote-Projekt zu Ende zu bringen. Ihnen allen ein herzliches Dankeschön.

Großen Dank möchte ich auch meinen Freunden am Institut in Wuppertal sagen, die mir ihr Wissen, ihre Erfahrung und praktische Handlungsbeispiele zur Verfügung stellten. Allen voran Holger Rohn, Michael Lettenmeier und Christa Liedtke. Auch Sepp Eisenriegler und Heinz Mooss aus Wien haben mir Beispiele gegeben. Vergelt's Gott dafür.

Für viele Gespräche um eine mögliche Zukunft danke ich Reinhard Loske, Rainer Wegerhoff, Ashok Khosla, Harry Lehmann, Christopher Manstein, Gunter Pauli, Hubert Rhomberg, Sebastian Feucht, Heinz Wohlmeyer, Klaus Dosch und Fritz Hinterberger. Mögen sie alle noch viele Jahre mit Erfolg für eine bessere Welt kämpfen.

GLOSSAR

Dematerialisierung: Beschreibt den technischen Weg, den ökologischen Rucksack von Produkten und die Ressourcenintensität von Dienstleistungen bis zur Mitte des 21. Jahrhunderts um den Faktor 10 zu verkleinern.

Faktor 10: Die Zielmarke für Industrienationen, mittels Dematerialisierung ihrer Wirtschaft bis zur Mitte des 21. Jahrhunderts eine zukunftsfähige Inanspruchnahme von natürlichen Ressourcen zu erreichen.

Materialintensität: Bei einem Produkt entspricht die Materialintensität dem ökologischen Rucksack. Bei einem Nutzen entspricht sie dem materiellen Fußabdruck MIPS.

Materieller Fußabdruck: Ressourcen, die in einem Nutzen stecken. Die Menge an Rohstoffen in Kilogramm, den die Natur pro Einheit technisch erzeugtem Service oder Nutzen entrichten muss, zum Beispiel für den Transport einer Person pro Kilometer mit dem Auto, Fahrrad, Rollschuhen oder mit dem Flugzeug.

MIPS: entspricht dem materiellen Fußabdruck. MIPS beschreibt die Menge an Ressourcen (MI – Material-Input), die lebenszyklusweit eingesetzt werden muss, um eine bestimmte Leistung oder einen bestimmten Nutzen (S – Service) durch den Betrieb eines Produktes, einer Maschine, einer Anlage, die Anwendung eines bestimmten Prozesses oder einer Handlungsweise zu erhalten. MIPS ist ein weltweit einsetzbarer Indikator für die Umweltqualität von Produkten (Dienstleistungserfüllungsmaschinen).

Natürliche Ressourcen: Rohstoffe, Boden, Wasser, Luft, Fläche, Naturkräfte und Biosysteme. Zu den Rohstoffen gehören Mineralien, fossile und Kernbrennstoffe, Biomasse und wilde Tiere. Fläche bezieht sich auf Landnutzung für Behausung, Industrie, Infrastrukturen, Bergbau, Land- und Forstwirtschaft. Naturkräfte sind Wind, Wellen, Gezeiten, solare Strahlung, Gravität und Geothermie. Biosysteme schließen Artenvielfalt und Nahrungsketten ein.

Ökologischer Rucksack: Ressourcen, die in einem Produkt stecken. Der ökologische Rucksack enthält alle Rohstoffe (Material) – in Kilogramm pro Kilogramm Gewicht des Produktes –, die zur Herstellung aus der Natur entnommen und in der Natur beiseite geräumt werden mussten, einschließlich der Rohstoffe zur Schaffung der benötigten technischen Energie. Oft wiegt der ökologische Rucksack 30 Mal mehr als das Produkt selbst.

Ressourceneffizienz: Sie entspricht der Ressourcenproduktivität. Von Effizienzverbesserungen ist traditionell die Rede, wenn Ressourcen im Rahmen einer bestimmten bestehenden Produktionsmethode besser genutzt werden. Bei der Erhöhung der Ressourcenproduktivität soll hingegen ein bestimmter Nutzen mit weniger natürlichen Ressourcen erreicht werden, ohne den technischen Weg dahin vorzugeben. Die Verbesserung der Ressourcenproduktivität ist demnach eine offene Einladung zur Ökoinnovation mit dem Ziel der Entwicklung bestmöglicher Lösungen.

Ressourcenintensität: Das Gegenteil vom zuvor Genannten ist der Fall: Also ein geringer Nutzen wird mit einem großen Verbrauch von Ressourcen bezahlt.

Ressourcenproduktivität: Möglichst wenig Ressourcen werden möglichst produktiv eingesetzt, es wird also ein maximaler Nutzen aus ihnen gezogen und wenig Abfall erzeugt.

ANMERKUNGEN

1 Peter Wohlleben, »Das geheime Leben der Bäume: Was sie fühlen, wie sie kommunizieren«, Ludwig, München, 2015.

2 Apostolisches Schreiben. Octogesima adveniens, 14. Mai 1971, AAS 63, S. 416-417.

3 F. Schmidt-Bleek, »Die Materialintensität: Ein ökologisches Maß für den Vergleich von Maßnahmen, Produkten und Dienstleistungen«, Das Magazin, 3, 1992 Wissenschaftszentrum NRW S. Giljum, S. Lutter, Globaler Ressourcenverbrauch. Die Welt auf dem Weg in eine »Green Economy?«, Geographische Rundschau 5/2015 Das Umweltbundesamt hat einen 10-minütigen Film unter dem Begriff »FLOW« zum Thema Verschwendung natürlicher Ressourcen veröffentlicht. www.Umweltbundesamt.de/themen/abfall-ressourcen/.../factor-x

4 Artikel 56, GG.

5 Paracelsus sagte: »Dosis facit venenum«, die Dosis macht das Gift.

6 Kommentar von Walter Stahel zur Kreislaufwirtschaft in „Nature", vom 24. März 2016. Siehe http://www.nature.com/polopoly_fs/1.19594!/menu/main/topColumns/topLeftColumn/pdf/531435a.pdf Der Bericht „Societal Benefits of the Circular Economy" von Anders Wijkman und Kristian Sandberg kommt zu dem Schluss, dass eine Kreislaufwirtschaft die CO_2-Emission industrialisierter Länder um bis zu 70% verkleinern, die Arbeitsplätze um 4% vermehren, und die Abfallproduktion ganz erheblich reduzieren kann. http://www.clubofrome. org/a-new-club-of-rome-study-on-the-circular-economy-and-benefits-for-society/#more-1300 Andreas Exner, Martin Held, Klaus Kümmerer (Hrsg): „Kritische Metalle in der großen Transformation" Springer Spektrum, Berlin/Heidelberg 2016.

7 In Deutschland hat sich die Wohnfläche pro Person seit 1965 verdoppelt auf nahezu 45 Quadratmeter. Sie liegt damit weltweit im Spitzenbereich.

8 The Guardian, 24. Januar 2016, http://www.theguardian.com/environment/2016/jan/24/plastic-new-epoch-human-damage?CMP=Share_iOSApp_Other, aufgerufen am 10.02.16.

9 Jürgen Renn/Bernd Scherer (Hg.): Das Anthropozän, Berlin 2015.

10 Physikalisch korrekt wäre es, hier von Masseneinheiten zu sprechen. Um des einfacheren Verständnisses willen verwenden wir aber hier und künftig diese Bezeichnung.

11 Der Anhang im Buch »Grüne Lügen« enthält für viele Werkstoffe und Produkte die Rucksäcke in Form von abiotischem und biotischem Material, Wasser, Luft und Bodenbewegungen.

12 S. Bringezu: »Erdlandung«, Fischer, 2002.

13 Michael Kuhndt in »Der ökologische Rucksack«, Hirzel, Stuttgart, 2004.

14 Nach Informationen aus dem Umweltbundesamt liegen seit den 90er-Jahren keine neuen Erkenntnisse zur Ressourcenintensität für die Nutzung der IK-Technik vor. Dies überrascht angesichts der vorgesehenen sehr hohen öffentlichen Investitionen in diesem Bereich.

15 Reid, Alasdair, Miedzinski, Michal (2008), EUROPE INNOVA, Final Report for the EU Sectoral Innovation Watch Panel on Eco-Innovation, www.europe-innova.org.

16 Ausführlicher zu Ressourcen, Wirtschaft und Ressourcenwende vgl. F. Lehner, F. Schmidt-Bleek, »Die Wachstumsmaschine – Der ökonomische Charme der Ökologie«, Droemer, 1999; F. Schmidt-Bleek: »Nutzen wir die Erde richtig?« Fischer, 2006.

17 Den lebenslangen Wasserverbrauch für die Nutzung Ihrer Waschmaschine können Sie leicht selbst einmal nachrechnen!

18 Rucksackdaten finden sich im Anhang von Schmidt-Bleeks Buch »Grüne Lügen«, ran-
domhouse, 2014.

19 ARD: »Vorsicht, Verbraucherfalle«, 30. Juni 2016.

20 Oekom Verlag, München, 2014.

21 Alternativ kann sie auch an einem zugehörigen Handgriff geschoben oder gezogen
werden.

22 »Swirl aims to enhance a social cultural relationship between women and children, ma-
king washing a fun and easy experience. The spherical design allows it to become a play-
ful object which stimulates the user's imagination on how to play with it. With Swirl doing
the laundry becomes easier and fun with just a few steps.«
http://studioblog.designaffairs.com/swirl/

23 Pavan Sukhdev, »corporation 2020 – Warum wir Wirtschaft neu denken müssen«, München 2013, S. 103.

24 Zur genauen Begründung und Berechnung des Faktors 10 vgl. Schmidt-Bleek, »Grüne
Lügen«; »Nutzen wir die Erde richtig?« und andere.

25 Die Zahlen dazu veröffentlichen das Wuppertal Institut und das Sustainable Europe Re-
search Institute (SERI) in Wien unter Leitung von Dr. Fritz Hinterberger, ehemals mein Mitarbeiter am Wuppertal Institut, gemeinsam unter der Internetadresse www.materialflows.net.
Monika Dittrich und Koautoren von SERI haben 2012 dazu außerdem den Bericht »Green
Economies around the World? herausgegeben.

26 Vgl. Anmerkung 27. Privat wurde mir mitgeteilt, dass das Umweltbundesamt neue Zahlen im Herbst 2016 vorlegen werde.

27 »Thus there is no need for waiting until systemic changes have happend but households
can make powerful improvements immediately, thus encouraging other actors to offer
more sustainable solutions on the market.« Michael Lettenmeier, Senja Laakso, Viivi Toi-
vio: »Future Households: Smaller Footprint, Better Life«.

28 Die Firma Rhombergbau in Bregenz hat ein dreißig-geschössiges Haus und auch kleinere
Einheiten aus Holz entwickelt, deren Material-Rucksack um den Faktor 4 kleiner ist als
derjenige vergleichbarer Gebäude traditioneller Bauweise. Rhombergs Gebäude können
in wenigen Monaten abfallfrei und lärmarm erstellt werden. Der materielle Fußabdruck
(MIPS) für ihre Nutzung reicht bis Faktor 10, da Anpassungen an veränderten Raumbe-
darf mit geringem Aufwand möglich sind. Vgl. Hubert Rhomberg,: "Bau 4.0", Bregenz
2015.

29 Die Gesellschaft für wirtschaftliche Strukturforschung in Osnabrück und das Wupper-
tal-Institut haben im Auftrag des Umweltbundesamt ein Internet-Tool entwickelt, mit
dem der Verbrauch von Rohstoffen in deutschen Haushalten auf Nachhaltigkeit geprüft
werden kann. Spielerisch kann dabei das eigene Konsumverhalten zu 25 Haushaltsgütern
optimiert werden, http://resourcetool.gwos.com/.

30 Vgl. »Basisstrategien für ressourceneffizienten Konsum«, in: Materialeffizienz und Ressourcenschonung, S. 17.

31 http://www.berliner-zeitung.de/berlin/neuer-laden-in-berlin-kreuzberg-so-erfolg-
reich-ist-der-supermarkt–original-unverpackt–1547310

32 http://www.welt.de/politik/deutschland/article147664176/Deutsche-sind-Europameister-im-Muell-Produzieren.html

33 http://www.sueddeutsche.de/wirtschaft/abfall-in-deutschland-so-viel-muell-wie-nochnie-1.2695760

34 Michael Lettenmeier: »Der fliegende Teppich. Warum ein Produkt einen Rucksack haben kann, der leichter ist als sein Eigengewicht«. In: Friedrich Schmidt-Bleek (Hrsg.), »Der ökologische Rucksack. Wirtschaft für eine Zukunft mit Zukunft«, S. 65ff.

35 Die Ideen stammen aus der Veröffentlichung »zwanzig fragen an die welt von morgen: was hat klima mit konsum zu tun?« S. 11, in der studentische Arbeiten des Projekts »Club of Rome für den Alltag« beschrieben sind. zwanzig fragen an die welt von morgen ist eine Veranstaltung der Folkwang Universität der Künste und des Wuppertal Instituts für Klima, Umwelt, Energie. Es ist die Abschlussveranstaltung der Projektreihe Club of Rome für den Alltag, die von der deutschen Gesellschaft des Club of Rome initiiert wurde. An der Projektreihe beteiligt waren Studierende und Lehrende der Folkwang Universität der Künste (Essen), der ecosign/Akademie für Gestaltung (Köln) und der Bergischen Universität Wuppertal. Die Projektkoordination lag beim Wuppertal Institut.

36 zwanzig fragen an die welt von morgen – was hat klima mit konsum zu tun? S. 26.

37 http://www.umweltbundesamt.de/daten/private-haushalte-konsum/wasserverbrauch-der-privaten-haushalte

38 Michael Lettenmeier: »Ressourcenproductivity in 7 steps«. In: Wuppertal Spezial 41, 2010, S. 95.

39 http://www.spiegel.de/wirtschaft/service/strompreis-verbrauche-ich-zu-viel-strom-jetzt-testen-a-1087808.html

40 Dazu: http://www.bund-goettingen.de/themen_und_projekte/umweltbildung/ich_kauf_global/ausstellung/apfel/apfel_anbau/#c5738

41 Ebd.: Wirtschafts-Woche vom 21.10.2015.

42 http://www.umweltbundesamt.de/themen/gut-fuers-klima-frisches-obst-aus-der-region;auch:http://www.spiegel.de/wissenschaft/mensch/umweltbilanz-bioaepfel-vom-ende-der-welt-eine-oekosauerei-a-487097.html

43 Vgl. »Catering establishments have huge opportunities for developing and spreading low resource diets« Eight Tons…, S. 504.

44 WWF Ernährung, S. 2.

45 http://www.wwf.de/themen-projekte/landwirtschaft/ernaehrung-konsum/fleisch/der-appetit-auf-fleisch-und-seine-folgen/ Stand: 8.5.2015.

46 »Der ökologische Rucksack«, S. 57.

47 »Vegan and vegetarian lifestyles presently becoming trendy in Western countries, which opens people options for less resource-intensive diets« Michael Lettenmeier, Christa Liedtke und Holger Rohn: Eight Tons of Material Footprint – Suggestion for a Resource Cap for Household Consumption in Finland, S. 504.

48 »Nutzen statt Besitzen«, S. 133.

49 WWF-Tipps-und-Tricks-fuer-eine-umweltfreundliche-Ernaehrung.pdf

50 »Vegan and vegetarian lifestyles presently becoming trendy in Western countries, which opens people options for less resource-intensive diets«, Michael Lettenmeier, Christa Liedtke und Holger Rohn: »Eight Tons of Material Footprint – Suggestion for a Resource Cap for Household Consumption in Finland«, S. 504.

51 Elli Kotakorpi, Satu Lähteenoja, Michael Lettenmeier: »Household MIPS. Natural resource consumption of Finnish households and its reduction«, S. 95.

52 Das große Wegschmeißen. WWF-Studie: Jährlich landen in Deutschland über 18 Mio. Tonnen Lebensmittel auf dem Müll. / WWF fordert von Bundesregierung »Aktionsplan gegen Lebensmittelverschwendung«, http://www.wwf.de/2015/juni/das-grosse-wegschmeissen/; 18.6.2015.

53 Vgl. http://www.focus.de/gesundheit/ernaehrung/wwf-studie-die-deutschen-werfen-313-kilo-lebensmittel-weg-jede-sekunde_id_4760149.html

54 http://www.wwf.de/aktiv-werden/aktionen/essensretterbrunch/

55 https://www.verbraucherzentrale.de/lebensmittelverschwendung

56 WWF-Tipps-und-Tricks-fuer-eine-umweltfreundliche-Ernaehrung.pdf

57 http://www.gartenlexikon.de/gartenpraxis/gartenpflege/substrat/biologischer-duenger.html

58 Gunter Pauli, »The Blue Economy, Academic Foundation, Neu Delhi, 2015.

59 WWF Ernährung, S. 1. (Stand: 30.03.2015) Vgl. auch: Karolin Baedecker e.a., Nutzen statt Besitzen. Auf dem Weg zu einer ressourcenschonenden Konsumkultur, S. 15.

60 WWF Ernährung, S. 2.

61 »The material footprint of nutrition can be reduced from 5.9 to 3 tons/(person.a): by reducing the amount of food and drinks consumed to a healthy and still enjoyable level; by developing acceptable and delicious diets e.g., towards notably less meat and dairy products and by increasing the resource efficiency in the food chain e.g., through waste prevention.« Eight Tons…, S. 497.

62 (siehe auch: Seite 278 ff in Friedrich Schmidt-Bleek: »Grüne Lügen«, Ludwig, 2014).

63 Holger Rohn e.a., »Reducing the Material Footprint of Meals«.

64 Das Fraunhofer-Institut für System- und Innovationsforschung (ISI) in Karlsruhe fasst die wichtigsten Rohstoffprobleme in einem Kongressband (Weissenberger-Eibl 2010) zusammen.

65 Marie Tuil, »E-Autos – dreckiger als gedacht«, in: Süddeutsche.de vom 23.11.2015.

66 DER SPIEGEL 9/2016.

67 NTV, 17. Mai 2016.

68 Bert Beyers: »Vom Automuffel zum modernen Flottenmanager. Warum Mobility, das größte Car-Sharing-Unternehmen der Erde, so ressourcenproduktiv ist«. In: Friedrich Schmidt-Bleek (Hrsg.), »Der ökologische Rucksack. Wirtschaft für eine Zukunft mit Zukunft«, S. 168.

69 Geschäfts- und Nachhaltigkeitsbericht 2014, S. 36. https://www.mobility.ch/de/ueber-mobility/nachhaltigkeit/

70 http://blog.daimler.de/2012/12/07/car2go-ecoscore-im-smart-ed-ja-ist-denn-schon-weihnachten/

71 Geschäfts- und Nachhaltigkeitsbericht 2014, S. 36. https://www.mobility.ch/de/ueber-mobility/nachhaltigkeit/

72 Michael Kuhndt in »Der Ökologische Rucksack«, Hirzel Verlag, 2004. Hier sollte ausdrücklich darauf hingewiesen werden, dass dem Umweltbundesamt keine neueren MF-Daten zur Nutzung digitaler Technik vorliegen. Für mich ist dies eine Überraschung insofern, als die Bundesregierung und der Bundestag die Digitalisierung nachdrücklich vorantreiben.

73 Vgl. zum Beispiel den Bericht über eine Studie von Chris Hope, Peter Wadham und Gail Whiteman von Christoph Seidler: »Klimawandel – Forscher warnen vor arktischer Kostenzeitbombe«, Spiegel-Online, 24.07.2013. http://www.spiegel.de/wissenschaft/natur/klimawandel-forscher-warnen-vor-billionenkosten-durch-methan-a-912892.html, aufgerufen am 20.01.2014.

74 So berichtete die Frankfurter Rundschau im Februar 2013 von einer Greenpeace-Studie, der zufolge Opfer und Steuerzahler die Zeche zahlen, während die Atomindustrie kaum in die Verantwortung genommen wird.
http://www.fr-online.de/japans-katastrophe/greenpeace-studie-zu-fukushima-atomindustrie-zahlt-nicht-fuer-opfer,8118568,21877080.html, aufgerufen am 27.11.13.

75 TEEB 2010, vgl. dazu http://www.ufz.de/index.php?de=19659, aufgerufen am 27.11.13.

76 Das Umweltbundesamt hat einen Bericht über die Nutzung natürlicher Ressourcen in Deutschland veröffentlicht. Der neue UBA-Ressourcenbericht für das Jahr 2016 untersucht Zusammenhänge zwischen Ressourcenentnahme, Ressourcenkonsum und wirtschaftlicher Entwicklung und soll zukünftig regelmäßig erscheinen, www.umweltbundesamt.de/Ressourcenbericht2016.

77 Einen konkreten Vorschlag zu einem Steuersystem, in dem Arbeit niedrig, der Verbrauch von Ressourcen hoch besteuert wird, findet sich in Friedrich Schmidt-Bleek: Grüne Lügen, S. 157 ff.

78 Vgl. Willy Bierter, Gert Irgang, Christopher Manstein, Friedrich Schmidt-Bleek, Machbarkeitsstudie für den Aufbau von »Proregis (Produktivity Registry – Center For Resource Productivity Factors For Wealth Creation)«. Endbericht. CH-Giebenach/A-Altach/A-Klagenfurt/F-Carnoules, November 2000. Abgerufen am 26.1.2013 unter http://www.factor10-institute.org/files/proregis_d.pdf

79 MI-Faktoren sind an folgenden Stellen verfügbar: www.mips-online.com, www.wupperinst.org, www.faktor10.at/mipsacademy; F. Schmidt-Bleek: »Das MIPS-Konzept«, a.a.O.; F. Schmidt-Bleek, C. Manstein: »Klagenfurt Innovation« – Neue Wege einer umweltgerechten Produktgestaltung, Klagenfurt 1999; F. Schmidt-Bleek: »Ökodesign – Vom Produkt zur Dienstleistungserfüllungsmaschine«, Wirtschaftskammer Österreich, WIFI No 303, 1999.

80 www.mut-zur-nachhaltigkeit.de

81 Liedtke, Christa, Welfens, Maria J. u.a., »Mut zur Nachhaltigkeit«, Wuppertal 2008.

82 Enzyklika LAUDATO SI' (»Über die Sorge für ein gemeinsames Haus«) Seite 128/129 der deutschen Fassung.

ÜBER DEN AUTOR

Friedrich Schmidt-Bleek

Der Kernchemiker und langjährige Universitätslehrer Friedrich Schmidt-Bleek ist ein Pionier der Ressourcenwende und Erfinder des Faktor-10-Konzeptes. Er ist Gründungs-Vizepräsident des Wuppertal Instituts, arbeitete als Abteilungsleiter im Umweltbundesamt, in der OECD sowie im IIASA und ist außerdem Initiator des World Resources Forum Davos und des Factor 10 Institute. 2001 wurde er mit dem Takeda World Environment Award ausgezeichnet. Schmidt-Bleek ist Autor zahlreicher Bücher und Veröffentlichungen.

»Der Doyen der deutschen Umweltforschung« DER SPIEGEL

Bildnachweis
Shutterstock: 23792008 – Seite 17, 133252175 – Seite 45, 71039011 – Seite 72,
404178025 – Seite 81, 405853336 – Seite 98, 401149150 – Seite 109, 313518374 –
Seite 118, 5761381 – Seite 130 & 131, 373016059 – Seite 139, 256034200 –
Seite 139, 129602879 – Seite 151, 144199033 – Seite 215, 100502482 –
Seite 228 & 229, 311949818 – Seite 239, 389780761 – Seite 246

Impressum
Die Verlagsgruppe Random House weist ausdrücklich darauf hin,
dass im Text enthaltene externe Links vom Verlag nur bis zum
Zeitpunkt der Buchveröffentlichung eingesehen werden konnten.
Auf spätere Veränderungen hat der Verlag keinerlei Einfluss.
Eine Haftung des Verlags für externe Links ist stets ausgeschlossen.

Verlagsgruppe Random House FSC® N001967

Copyright © 2016 by Ludwig Verlag, München,
in der Verlagsgruppe Random House GmbH,
Neumarkter Straße 28, 81673 München
Redaktion: Winfried Kretschmer
Grafisches Konzept: go biq communication gmbh
Grafische Umsetzung: Kristina Moll
Umschlaggestaltung: Eisele Grafik-Design, München
Satz: Leingärtner, Nabburg
Druck und Bindung: Print Consult GmbH, München
Printed in Slovakia

ISBN 978-3-453-28086-1

www.ludwig-verlag.de